역사와 예술, 대자연을 품은

북유럽 인문 산책

역사와 예술, 대자연을 품은

북유럽
인문 산책

홍민정 지음

미래의 창

알면 알수록 빠져드는 북유럽

4년에 가까운 시간 동안 스웨덴에 살면서 나는 아쉬움 없이 북유럽을 돌아다녔다. 어떤 목적을 가지고 여행을 시작한 것은 아니었다. 지금 내가 살고 있는 도시를 둘러보며 아직 가보지 못한 곳들을 하나씩 구경이나 해보자는 마음이었다. 그러다 스웨덴 친구가 추천해준 섬으로 향하게 되었다. 여행객들이 잘 가지 않는 섬이었음에도 친구의 말을 믿고 출발했다. 구글에서 찾은 사진 몇 장에 의존해 어렵사리 찾아갔는데, 눈앞에 나타난 풍경에 허탈함이 밀려들며 웃음이 나왔다. 내가 예상했던 웅장하고 거대한 기암괴석은 어디에도 없었다. 조금 특이하게 생긴 바위 덩어리가 있을 뿐이었다. 그래도 힘들게 찾아온 곳이니 잠시 쉬다 가려고 바위 옆에 털썩 주저앉았다. 그때, 묘한 기분이 들었다. 별것 없는 그 풍경 속에서 느껴지는 어리숙하면서도 다듬어지지 않은 투박함이 몹시 좋았다. 세계 곳곳의 다양한 명소들을 다녀봤지만 그런 느낌은 처음이었다.

내가 경험한 북유럽은 항상 덜 채워져 있었다. 나는 완벽하지 않은 북유럽이 지닌 허전함에 이끌렸다. 기대 없이 찾아간 곳에서 의외의 장소를 발견해내면 기쁨이 넘쳤고, 그저 느낌을 따라 자연 속을 헤맬 때는 행복이 충만했다. 목적지만 정하고서 무작정 길을 나섰다. 그렇게 꽤 오랜 시간 지식을 쌓는 여행이 아닌 감정에 충실한 여행을 즐겼다. 그럴 수밖에 없었던 그럴싸한 핑계도 하나 있다. 북유럽과 관련된 정보들은 구하기가 정말 쉽지 않았다. 현장에 가보지 않고는 어떤 배경을 가진 곳인지 미리 알아보기 어려웠다.

춥지만 차갑지 않고
차분하지만 어둡지 않은 곳

△△△

북유럽을 파고들게 된 계기는 우연히 찾아왔다. 그날 나는 여느 때처럼 집과 그리 멀지 않은 공원에서 산책하던 중이었다. 평소 가던 길이 아닌 다른 길로 가다 보니 작은 호수가 나왔다. 어쩐지 내가 아는 장소 같다는 생각이 머릿속을 스쳤다. 기억을 더듬어보다가 문득 예전에 아이들에게 읽어주었던 어느 동화책 속의 그림이 떠올랐다. 당시에는 스웨덴 작가가 쓴 것인 줄도 모르고(잔잔한 일상 속의 판타지를 그린 스웨덴 출신 작가 엘사 베스코브의 동화였다) 별생각 없이 넘겼던 장면이었는데, 갑자기 너무나 생생하게 현실로 다가

왔다. 엄청난 과학적 발견이라도 한 듯 흥분되며 다른 것도 알아내고 싶은 마음이 샘솟았다. 나의 북유럽 탐구는 그때부터 시작되었다.

북유럽 작가들의 동화를 찾아 읽었고 북유럽 관련 소설과 영화를 두루 섭렵하며 궁금증을 풀어갔다. 내 관심을 끈 것은 스웨덴, 덴마크, 노르웨이, 핀란드, 아이슬란드가 마치 세트처럼 묶여서 다뤄진다는 점이었다. 여행안내 책만 해도 이 다섯 나라를 한꺼번에 소개하는 경우가 많았다. 이런 특징이 눈에 들어오자 '북유럽 세트' 5개국에 대해 더 자세히 알고 싶어졌다.

북유럽은 자극적이지는 않아도 은연중에 계속 생각나는 곳이다. 그런 북유럽의 매력을 전하고 싶어 펜을 들었다. 누구나 다 아는 여행지를 소재로 삼아, 꼭 그곳이 아니어도 느낄 수 있을 법한 감정을 말하는 글은 식상했다. 내가 직접 보고 느낀 북유럽의 이모저모에 책을 쓰면서 새롭게 발견한 사실들, 이미 알고 있었지만 연결 고리를 찾지 못했던 사건들, 기억해야 할 사람들, 한 번도 마주해본 적 없는 신비로운 현상들을 더해 신나게 써 내려갔다. 그러다 보니 역사와 철학, 예술과 문화, 지리와 자연을 모두 담은 북유럽 인문학 책이 완성되었다.

서유럽처럼 화려하진 않지만 북유럽에는 소박하면서 깊은 맛이 있다. 춥지만 차갑지 않고, 차분하지만 어둡지 않다. 그래서 북유럽을 알면 알수록 더욱 빠져들게 된다. 이 책을 손에 든 여러분도 나와 같을 것이라 믿는다.

차례

1장

스웨덴

SWEDEN

오래된 이야기가 곳곳에 숨어 있는

스톡홀름

눈부신 햇살이 쏟아지던 어느 여름날, 스톡홀름Stockholm에 살고 있는 4명의 친구들이 모였다. 우리는 한국, 프랑스, 독일, 싱가포르 등 각기 다른 나라에서 왔지만 고향을 떠나 스웨덴에서 거주하고 있다는 공통점 덕분에 이야기가 잘 통했다. 바쁜 일상을 살아가느라 자주 얼굴을 보지 못하다가 오랜만에 함께 피카fika를 즐기려 만난 참이었다. 스웨덴에서는 가볍게 커피를 마시면서 이야기를 나누는 시간을 '피카'라고 부른다. 간만에 찾아온 햇볕을 포기할 수 없어서 야외 카페에 자리를 잡았다. 시원한 여름 바람과 끈적임 없는 햇살을 받으며 모두들 북유럽 여름은 환상적이라고 입을 모았다. 그러던 중 한 친구가 며칠 뒤 지인이 스톡홀름에 놀러 오기로 했는데 어디를 가면 좋겠느냐고 물었다. 다들 고민에 빠진 듯 정적이 흘렀다. "스톡홀름은 감라스탄으로 시작해서 감라스탄으로 끝나지." 잠시 뒤 누군가 꺼낸 말에 모두 동감을 표했다. 그 후로 각자 좋아하는 장소에 대해 의견을 나누었는데, 스톡홀름에서 꼭 가야 할 곳으로 감라스탄을 선택하는 것에는 이견이 없었다. "오랜만에 감라스탄 걸을까?"라고 제안하자 친구들은 자리에서 일어나 즐겁게 걸음을 옮겼다.

기록에 의하면 스톡홀름은 1252년에 이미 도시의 형태로 존재했고, 1289년에는 스웨덴에서 가장 큰 도시로 성장했다. 유럽 각지로 영향력을 미쳤던 북유럽의 바이킹 시대(800~1050)가 끝나갈 무렵에는 해상 제국을 지배하고 전쟁을 치를 수 있는 강한 힘을 가진 왕이 등장했다. 혈연 중심의 부족사회에 왕과 교회가 등장하면서 단합된 통치 체제가 생겨나기 시작했으나 안정적이지는 않았다. 스웨덴에는 비르예르Birger 왕가, 망누스Magnus 왕가 등이 등장했지만 왕위를 사이에 둔 분쟁과 내전이 지속적으로 일어났다. 당시 중서부 유럽에서는 정비된 국가들이 출현하며 상업이 발달했다. 특히 독일 북부 도시들은 해상 교통 및 상권 확장을 목적으로 북유럽 발트해 주변 도시들과의 교역을 늘려나갔다. 한자동맹(13~15세기에 독일 북부 연안과 발트해 연안의 여러 도시들이 결성한 동맹)이 전성기에 달하며 독일의 영향력은 점점 커졌고 스웨덴 본토 내 주요 성곽과 토지를 독일인이 소유하기에 이르렀다. 왕권까지 위협받자 결국 스웨덴은 덴마크에 지지를 요청했다. 덴마크는 스웨덴, 노르웨이와 달리 숲이 많지 않아 지역 통합에 유리했고 서유럽과 가까운 지리적 특성 덕분에 북유럽 국가들 중에서 중앙집권제가 가장 빨리 확립되었다. 당시 스웨덴은 각 지방의 지지를 받던 왕위 경쟁자들뿐만 아니라 덴마크 왕과 왕자들도 스웨덴 내란에 끼어들어 왕위를 노리던 매우 혼란스러운 상황이었다.

가장 오래된 '진짜' 스톡홀름, 감라스탄

△△△

스웨덴의 수도 스톡홀름은 '구시가지'라는 뜻의 감라스탄Gamla Stan 지역에서 시작되었다. 스톡홀름의 중심에 있는 작은 섬인 감라스탄에는 13세기부터 시가지가 만들어졌다. 감라스탄에는 스웨덴의 옛 모습이 그대로 남아 있어 그곳에 들어서는 순간 자신이 살고 있는 현재는 잊어버리고 과거로 여행을 떠나게 된다. 감라스탄으로 통하는 길은 여러 갈래로 나 있다. 그중에서 나는 쿵스트레고덴 Kungsträdgården(왕의 정원)을 거쳐 다리를 건너 감라스탄을 걷고, 드로트닝가탄Drottninggatan(여왕의 거리)을 따라 스웨덴 의회를 지나 나오는 길을 좋아한다. 각종 상점이 모여 있는 쇼핑의 중심지인 드로트닝가탄은 번잡해서 나중에 가는 편이 좋았다.

감라스탄에는 스톡홀름에서 가장 오래된 광장인 스토르토르예트Stortorget 광장이 있다. 1389년 이후 스웨덴과 노르웨이는 덴마크의 여왕 마르그레테 1세Margrete I의 통치하에 들어가 동일한 군주를 가지게 되었다. 이 세 국가는 성장하는 독일 세력에 공동으로

잔혹한 역사의 현장이었으나 오늘날에는 도시의 가장 아름다운 장소로 꼽히는 스토르토르예트 광장

대응해야 할 필요성을 느꼈고, 귀족 세력들은 이미 인근 국가의 토지를 매입했거나 서로 친척 관계를 맺고 있었기에 동맹을 맺기 쉬웠다. 이에 세 국가는 1397년 스웨덴의 항구도시 칼마르Kalmar에 모여 덴마크를 중심으로 힘을 합치기로 결의했다. 그렇게 탄생한 국가연합이 바로 칼마르동맹이다. 하지만 1400년대 초부터 스웨덴에서는 덴마크의 높은 세금과 독선적 통치에 불만을 품은 사람들이 계속해서 투쟁을 일으켰다. 스웨덴은 동맹은 유지하되 독립된 왕권을 지닌 국가로 인정받기를 원했다. 스웨덴 내 왕위 쟁탈로 인해 분열이 발생하자 덴마크의 크리스티안 2세Christian II는 이를 이용하여 절대왕권을 공고히 하려 했고, 1520년에는 왕권 강화를 위

해 주교, 귀족 등을 포함한 스웨덴 왕의 지지 세력 100여 명을 단두대에 올려 처형했다. 이때 광장과 거리는 피바다와 같았다고 전해진다. 이 사건은 스웨덴을 부흥시키는 계기로 작용했고, 칼마르 동맹은 1523년 구스타브 1세 바사Gustav I Vasa가 스웨덴 국왕으로 선출됨으로써 해체되었다. 이 잔혹한 학살이 일어난 곳이 바로 스토르토르예트 광장이다. 이곳은 오래전 끔찍한 역사의 현장이었으나 오늘날에는 스톡홀름에서 가장 우아하고 고풍스러운 건물들로 둘러싸인 아름다운 광장이 되었다. 나에게 스톡홀름에서 가봐야 할 곳을 딱 한 군데만 꼽으라고 한다면 스토르토르예트 광장을 제일 먼저 떠올릴 것이다.

섬의 북쪽에는 스웨덴 왕궁Kungliga Slottet과 스톡홀름 대성당Storkyrkan이 있다. 13세기에는 스웨덴 왕궁의 자리에 요새가 있었다. 이 요새를 성으로 새로이 짓고 '트레 크로노르Tre Kronor(3개의 왕관)'라고 이름 붙였는데, 이 성은 1697년 화재로 붕괴되었다. 이후 재정상의 문제로 왕궁의 재건이 미뤄지면서 1754년이 되어서야 현재의 모습을 갖출 수 있었다. 지금도 스웨덴의 상징이며 국장에도 사용되는 '3개의 왕관'은 13세기 말 처음 등장했고, 스웨덴의 지역 간 통합 또는 스웨덴, 노르웨이, 덴마

1980년대 초까지 대대로 스웨덴 왕족이 살았던 스웨덴 왕궁

현재 스웨덴 왕실의 거주지로 사용되는 드로트닝홀름 궁전

크 3국의 왕을 의미한다는 해석이 있다. 감라스탄에 있는 스웨덴 왕궁은 1982년 현 국왕인 칼 16세 구스타프Carl XVI Gustaf가 스톡홀름 외곽에 있는 드로트닝홀름 궁전Drottningholms Slott으로 거주지를 옮기기 전까지 왕실 거주지로 사용되었다. 현재 이곳은 국왕의 업무실, 외교 사절단의 숙소, 연회 장소 등으로 사용되며, 왕실뿐만 아니라 정부도 함께 이용 중이다. 또한 왕궁의 일부를 박물관으로 만들어 역대 왕가의 왕관과 보물을 전시하고 있다. 스톡홀름 대성당에서는 왕실의 결혼식이 열리기도 한다.

감라스탄 안에 왕궁과 왕실 박물관이 모여 있어서인지 길을 걷다 보면 스웨덴 왕실의 가족사진도 심심치 않게 발견된다. 오늘날 대표적인 복지국가로 꼽히는 스웨덴에 여전히 왕이 건재하다는 것이 조금 어색하게 느껴질 수도 있다. 스웨덴, 노르웨이, 덴마크 북유럽 3국은 선거를 통해 선출된 총리가 실질적인 통치 권한을 가지는 동시에 역사적으로 세습되어온 국왕도 인정하는 입헌군주제 국가들이다. 1974년 의회 결정으로 스웨덴 국왕은 국가원수의 지위는 유지하되 정치적 권한은 행사할 수 없는 상징적인 역할을 하게 되었다. 이에 따라 현재 스웨덴 국왕과 왕실은 정치와 관련 없는 문화, 환경, 스포츠, 인권 등의 분야에서 활동하고 있다.

여느 북유럽 국가들처럼 스웨덴 역시 세율이 높다 보니 세금 지출을 줄이기 위해 왕실을 폐지해야 한다는 목소리가 종종 나온다. 그렇지만 스웨덴 왕실은 국민들에게 탄탄한 지지를 받고 있으며 오래전부터 격식을 파괴한 행보를 이어온 것으로도 잘 알려져 있다. 일례로 현 국왕 칼 16세 구스타프는 올림픽 경기 참관 중에 통역을 담당하던 일반인 실비아를 만나 결혼했고, 그의 세 자녀 모두 일반인과 결혼했다. 그중 헬스클럽에서 만난 담당 트레이너 다니엘 베스틀링과 부부가 된 첫째 빅토리아 왕세녀가 가장 많은 주목을 받았다. 성별에 관계없이 왕위가 세습되는 스웨덴에서 차기 국왕으로 유력한 빅토리아가 헬스트레이너와 결혼한 것은 꽤 충격적인 일이었다. 교제 사실이 알려졌을 때부터 두 사람은 오랫동안 반대에 부딪혔으나, 결국 2010년에 결혼식을 올리고 두 아이를 낳아 왕실을 이어가는 중이다. 빅토리아 왕세녀 부부는 평범한 시민들처럼 서로 번갈아 육아휴직을 내고 아이들과 함께 야외에서 시간을 보내는 등 소탈한 모습을 보여주어 국민들에게 많은 사랑을 받고 있다. 실제로 가까운 공원에서 왕세녀 부부와 그 자녀들을 본 적이 있다는 친구들도 더러 있었다.

걷기 좋은 감라스탄

조금 이상하게 들릴 수도 있지만, 감라스탄은 길을 잃어버렸을 때 더 좋은 곳이다. 골목 사이에 숨겨진 공간과 예스러운 길을 우연히 만나는 즐거움을 만끽할 수 있기 때문이다. 워킹 투어에 참여하는 것도 감라스탄을 즐기기에 좋은 방법이다.

- 쾨프만가탄(Köpmangatan)
  '상인의 거리'라는 이름을 지닌 아주 오래된 골동품 거리다. 가게 안에 들어서면 코끝을 스치는 옛 물건 특유의 냄새가 오래도록 기억에 남는다.

- 베스테르롱가탄(Västerlånggatan)
  '서쪽의 긴 거리'라는 뜻이다. 기념품 상점들이 빽빽하게 들어서 있는 곳으로, 관광객들이 가장 많이 찾는다.

- 외스테르롱가탄(Österlånggatan)
  '동쪽의 긴 거리'라는 뜻이다. 관광지 분위기가 덜하기 때문에 북유럽만의 감성을 느낄 수 있다.

- 모르텐 트로치그 그렌(Mårten Trotzigs Gränd)
  건물들이 서로 붙어 있어 길의 폭이 아주 좁은 곳으로 유명하다. 건물 벽들이 온통 그라피티 낙서들로 가득해 조금 어지럽긴 하지만 지나가다 둘러보는 것도 나쁘지 않다.

- 예릉포이케(Järnpojke) 동상

'아이언 보이(Iron Boy)'라는 이름으로 더 자주 불린다. 핀란드 교회(Finska kyrkan) 뒤편의 정원에 있는 어른 주먹만 한 작은 소년 동상으로, 스웨덴 예술가 리스 에릭손이 1967년에 만들었다. 동상 앞에 동전을 놓고 소원을 빌며 소년의 머리를 쓰다듬으면 소원이 이루어진다고 한다. 구석에 숨어 있어 잘 찾아야 발견할 수 있다.

모르텐 트로치그 그렌의 좁은 길과 그라비티 낙서가 가득한 건물 외벽

사람들이 두고 간 동전들 사이에 앉아 있는 '아이언 보이' 동상

생각보다 가까운 곳에 있는 노벨상

△△△

매년 10월이 되면 전 세계가 스웨덴의 목소리에 귀를 기울인다. 노벨상 수상자를 발표하는 시기이기 때문이다. 시상식은 노벨상의 창설자 알프레드 노벨Alfred Nobel이 사망한 날인 12월 10일에 열린다. 스톡홀름에서 태어나 화학과 기계공학을 배운 알프레드 노벨은 아버지의 폭약 공장 폭발 사고 후 안전한 폭약을 개발하기 위해 다이너마이트를 만들었다. 이후 노벨은 유럽 최대의 부자가 되었지만 다이너마이트가 초기 의도했던 바와 달리 전쟁에서 살상 무기로 악용되며 비난받기도 했다.

노벨이 사망하고 몇 달이 지났을 무렵 재산 기부와 기금 운영에 대해 상세히 적은 그의 유언장이 공개되었다. 이 기금을 기반으로 노벨상을 만들어 인류 발전에 공헌한 사람들과 단체에 수여하기 시작했다. 최초 노벨상은 1901년 물리학, 화학, 생리의학, 문학, 평화 부문으로 나눠 수상자를 선정했다. 1969년부터는 경제학이 추가되어 오늘날까지 총 6개 부문에 걸쳐 수여하고 있다. 노벨 평화상 시상식만 옆 나라 노르웨이의 수도 오슬로Oslo에서 진행되고 나머지 5개 부문의 시상식은 스톡홀름에서 열린다. 노벨 평화상만 오슬로에서 수여하는 이유는 정확하게 밝혀지지 않았다. 평소 노르웨이 극작가이자 평화운동가인 비에른스티에르네 비에른손Bjørnstjerne Bjørnson을 좋아했던 노벨의 개인적 판단과 당시 노르웨이를 지배하고 있던 스웨덴의 정치적 계산이 숨어 있다고 추측할 뿐이다.

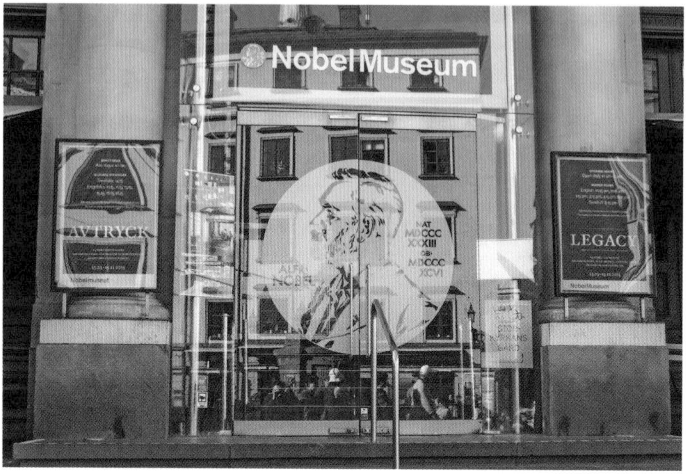

스웨덴에서 노벨의 위상은 독보적이다. 그래서 노벨 박물관은 스톡홀름에서 빼놓을 수 없는 명소다.

노벨 박물관Nobel Museet은 감라스탄의 스토르토르예트 광장에 자리하고 있다. 감라스탄의 가장 중심에 있는 상징적인 광장에 노벨 박물관이 있는 것을 보면 노벨의 영향력이 얼마나 큰지 알 수 있다. 스웨덴에서 노벨은 정말 독보적이다. 시상식이 열리는 주는 노벨 위크Nobel Week라고 부르며, 어린이집과 학교에서 노벨상에 대해 가르치고 아이들은 수상자들처럼 격식 있는 요리를 즐긴다. 노벨 박물관에 들어서면 중세에서 현대의 첨단 세계로 순식간에 시공간을 뛰어넘는 색다른 경험을 할 수 있다. 노벨 박물관은 2001년 노벨상 제정 100주년을 기념해서 세워졌고, 고풍스러운 외관과 달리 내부 분위기는 매우 현대적이다. 박물관에는 노벨상의 역사가 기록되어 있고 수상자들의 소장품이 전시되어 있다. 규모는 크지 않지만 찬찬히 살펴보면 새로운 사실을 많이 알 수 있다. 나는 박물관을 둘러보다 1907년에 영국의 소설가 러디어드 키플링Rudyard Kipling이 우리에게도 친근한 동화 《정글북》으로 당시 최연소 노벨 문학상을 받았다는 것을 알게 되었다. 박물관 옆 작은 카페에서는 노벨상 수상자들이 실제로 앉았던 의자를 사용한다. 수상자들이 자신의 의자 뒷면에 서명을 남기기 때문에 의자를 뒤집어보는 관광객들도 있다. 수상자들의 의자에 앉아서 그들이 시상식 때 먹었던 디저트를 맛보니 노벨상 수상자가 된 듯한 기분이었다.

노벨상 시상식은 노벨 박물관이 아닌 회토리예트Hötorget 광장 옆 스톡홀름 콘서트홀Stockholms Konserthus에서 이루어진다. 솔직히 주변을 살펴보면 왜 여기서 노벨상 시상식을 하는지 의문스럽다. 건물 외관이 그다지 특별하지 않을 뿐더러, 평소 회토리예트 광장은 컬러풀한 천막을 두른 노점상으로 꽉 차서 호객 행위로 요란하고 북적북적하다. 일요일에는 사람들이 많이 찾는 벼룩시장이 열린다. 그래도 콘서트홀 앞에 있는 커다란 분수의 조각상은 꽤 유명하다. 1936년 스웨덴의 조각가 칼 밀레스Carl Milles가 그리스신화에 나오는 음유시인 오르페우스를 주제로 만든 작품이다. 칼 밀레스의 대표작답게 섬세하고 아름답지만 광장 한쪽에 놓여 있어 단번에 눈에 들어오지 않는다. 조각상을 발견하더라도 갈매기들에 둘러싸여 있는 지저분한 모습에 오래 감상하고 싶은 마음이 들지 않는다.

2016년 노벨 문학상을 수상한 밥 딜런은 이렇게 말했다. "누군가 나에게 노벨상 수상 가능성이 있다고 말했다면 아마도 나는

노점상으로 붐비는 회토리예트 광장과 매년 노벨상 시상식이 열리는
파란 외관의 스톡홀름 콘서트홀

그 가능성은 달 위에 서는 확률 정도라고 생각했을 것이다." 하지만 스웨덴은 사람들이 노벨상을 친숙하고 가깝게 느끼기를 원하는 것 같다. 평상시 시민들이 자주 찾는 공간에서 시상식을 개최함으로써 노벨상은 우리의 일상 속에 있으며 고귀하고 멀리 있는 것만은 아니라고 알려주니 말이다. 이를 단적으로 보여주는 것이 시상식 직후의 모습이다. 시상식이 끝나면 수상자들은 노벨상 연회 참석하기 위해 스톡홀름 시청사Stockholms Stadshus로 이동한다. 이때 시민들이 평소에 이용하는 대중교통용 버스를 타고 간다. 물론 수상자들을 위해 미리 준비된 전용 버스이고, 이동 중 보안을 철저히 유지하긴 하지만 그들이 대중교통을 이용하는 풍경은 그 자체로 꽤 인상적이다.

도시의 과거와 현재를 한눈에, 스톡홀름 시청사

△△△

스톡홀름은 '통나무stock'와 '섬holm'이 결합된 단어다. 통나무를 도시 이름에 넣게 된 이유로 여러 가지 설이 있다. 섬으로 구성된 도시의 경계를 표시하기 위해 통나무를 사용했기 때문이라는 설, 도시 방어를 위해 통나무로 항로를 막았기 때문이라는 설, 통나무를 물에 띄워 그것이 닿는 곳에 도시를 만들기로 했기 때문이라는 설 등이 전해진다. 스톡홀름은 14개의 섬으로 이루어져 있으며, 멜라렌Mälaren 호수와 발트해가 만나는 지역에 위치해 있다. 흥미로운 사실은 스톡홀름의 섬들 사이를 지나는 물은 바닷물이 아닌 민물이라는 점이다. 스웨덴에서 세 번째로 큰 멜라렌 호수는 한때 발트해의 여러 만들 중 하나였는데, 지각변동이 일어나 만 입구의 수심이 점점 얕아지면서 호수가 되었다. 스톡홀름 시내에서 볼 수 있는 물길이 바로 멜라렌 호수다. 지금도 바다와 호수의 높이가 크게 차이 나지 않아 가끔 바닷물이 호수로 넘어오고는 한다.

스톡홀름 시청사는 멜라렌 호수 바로 앞에 있다. 1923년 스웨덴 건축가 랑나르 외스트베리Ragnar Östberg가 설계한 것으로, 이탈리아 베네치아의 두칼레 궁전과 산마르코 광장의 종탑에서 영감을 얻었다고 한다. 괜히 스톡홀름을 '북방의 베네치아'라고 부르는 것이 아니다. 조금 투박해 보이기도 하는 벽돌 건물 안으로 들어가면 작은 중정형 광장이 나온다. 이때부터 눈길을 끄는 것이 너무 많아 두리번거리며 스톡홀름 시청사의 매력에 빠지게 된다. 담쟁이가 가득한 벽면은 신비롭고, 아치형 기둥 사이로 보이는 호수는 반짝이며 내 몸을 끌어당기는 듯하다. 그대로 빨려 나가기 전 미리 입장 시간을 확인하려 매표소에 들렀다. 스톡홀름 시청사는 지정된 시간에만 입장을 할 수 있고 가이드를 동반해야 한다.

건물 안으로 들어서면 노벨상 연회가 열리는 넓은 블루홀이 나온다. 원래 외스트베리는 멜라렌 호수의 푸른빛에 감명을 받아 연회장의 벽을 푸른색으로 칠하려 했다. 그런데 붉은 벽돌에서 느껴지는 고풍스러운 아름다움을 보고 벽을 칠하지 않고 그대로 두기로 마음을 바꿨다. 그렇게 연회장은 붉은 공간으로 완성되었지만 이름은 바꾸지 않아 그대로 블루홀로 불리고 있다. 특히 위쪽 벽면에 창을 많이 내어서 빛이 가득 들어와 사방이 막혀 있어도 내부가 환하다. 블루홀을 둘러본 뒤 옆으로 나 있는 층계를 올라갔다. 곧 시의회가 열리는 대회의실이 나온다. 101명의 의원들이 회의하는 모습은 시민 누구나 볼 수 있게 생중계되며, 원하는 사람은 현장 참관도 가능하다. 바이킹 배를 뒤집은 듯한 모양의 천장은 또 하나의 볼거리다. 벽면이 우리에게 익숙한 한옥의 창살 무늬와 닮아서 전통 가옥에 들어온 듯한 기분이 들었다. 시청사에는 결혼식이 열리는 공간도 있다. 5분이면 끝나는 간소한 결혼식이지만 큰 의미를 갖고 있기 때문에 시청사 결혼식은 인기가 많다.

마침내 시청사의 하이라이트인 황금방으로 들어갔다. 다소 투박하다고 느꼈던 벽돌 건물과는 대조적으로 방 전체가 금빛으로 번쩍이는 황금방은 화려함의 절정이다. 빈틈없이 방을 꽉 채우고 있는 모자이크는 진짜 금으로 만든 것이다. 스톡홀름을 보호하는 멜라렌 호수의 여신이 한쪽 벽면을 차지하고 앉아 있다. 만화 속 캐릭터처럼 꼬불꼬불하게 뻗어 있는 머리카락과 지나치게 커다란 눈이 어색해 보인다. 머리카락은 멜라렌 호수의 물결을 상징하고 큰 눈과 입은 세상을 두루 살피고 바르게 말하는 것을 의미한다. 여신의 머리 위에는 태양이 강렬한 빛을 내리쬐고 있으며, 무릎에는 스톡홀름 시청사가 올려져 있다. 왼쪽 아래에는 서양을 상징하는 뉴욕 자유의 여신상과 파리 에펠탑이, 오른쪽 아래에는 동양을 상징하는 인도코끼리와 터키 국기 등이 그려져 있다. 스웨덴이 세계의 중심에서 조화를 이루어간다는 당찬 포부가 느껴지는 작품이다. 블루홀에서 만찬을 끝낸 노벨상 수상자들은 황금방으로 가서 무도회를 즐긴다. 원래 만찬도 황금방에서 이루어졌으나 참석자 규모가 커지면서 블루홀로 변경되었다.

이 화려한 방에는 재미있는 부분이 숨겨져 있다. 한쪽 벽과 천장이 연결되는 부분에 한 수호성인이 얼굴 없이 몸통만 덜렁 그려져 있는 것이다. 벽화 작업 기간이 초기 계획보다 단축되어 급하게 작품을 마무리하느라 발생한 큰 실수다. 게다가 안타깝게도 이 성인은 스톡홀름의 상징 문장에 등장하는 에리크 9세Eric IX다. 스톡홀름 전역에서 볼 수 있는 그의 얼굴을 스톡홀름 시청사에서는 볼 수 없다. 우연의 일치이겠지만 에리크 9세는 실제로 목이 잘려 살해되었다. 비록 재위 기간은 약 4년으로 짧았으나, 공정하고 존경받는 성왕인 에리크 9세는 스웨덴에 기독교를 최초로 도입하기도 했다. 에리크 9세는 십자군 전쟁 당시 덴마크 왕자였던 망누스 2세Magnus II와 덴마크 군사들에 포위되어 처참하게 죽음을 맞이했다.

스톡홀름 문장에 그려진 에리크 9세의 얼굴

이후 앞이 보이지 않던 사람이 눈을 뜨게 되는 등 기적이 연이어 일어나며 에리크 9세는 군주에서 수호성인이 되었다. 그래서 에리크 9세는 성 에리크라고도 불리며, 1376년부터 스톡홀름 문장에 그의 얼굴을 사용하고 있다.

시청사 건물을 나와 멜라렌 호수가 보이는 공원으로 향했다. 공원 모퉁이 높은 기둥 위에는 스웨덴 최초의 민중 봉기를 이끈 엥겔브렉트 엥겔브렉트손Engelbrekt Engelbrektsson 동상이 서 있다. 칼마르 동맹 체제에 반대한 그는 연합왕에게 반기를 들어 농민병을 이끌고 해방 전쟁을 일으켰다. 이는 서민층의 확고한 지지를 받으며 농민에게 정치적 참여를 하게 해준 최초의 사건으로 역사에 기록되어 있다. 이후 엥겔브렉트손은 전국을 통합해 섭정 자리까지 올랐지만 몇몇 귀족들과의 불화로 살해되고 말았다. 스웨덴 독립과 주권을 상징하는 인물인 엥겔브렉트손이 시청사 공원에서 가장 높은 곳에 세워져 있는 것은 너무나 당연한 일이다. 햇살이 뜨거워 호수를 등지고 난간에 걸터앉으니 시청사 건물을 쭉 훑을 수 있었다. 도시와 오묘하게 조화를 이루는 건물이다. 시청사의 외관에서는 중세의 고딕 양식과 이탈리아 르네상스 양식은 물론 이슬람 문화에서 영향을 받은 장식도 쉽게 발견된다. 전망대가 있는 106m 높이의 시청 타워 꼭대기에는 스웨덴을 상징하는 3개의 왕관이 있다. 시청사 건물 앞에서 바람에 나부끼는 스톡홀름 깃발 속 에리크 9세가 보인다. 시청사 안에서 보지 못한 그의 머리가 시청사 밖에서 펄럭거린다. 한 도시를 대표하는 시청사 건물이 이렇게 다양한 모습들을 품고 있는 것을 보니 스웨덴이 무척 개방적인 나라라는 사실을 체감할 수 있었다.

스톡홀름의 전망을 제대로 즐길 수 있는 장소 10곳

1. 카타리나배겐(Katarinavägen)과 피엘가탄(Fjällgatan) 언덕길
스톡홀름 아래쪽에 위치한 쇠데르말름(Södermalm)섬을 두르는 길이다. 슬루센(Slussen)과도 연결되어 있고, 절벽 옆 계단을 내려가면 사진 박물관 포토그라피스카(Fotografiska)도 나온다.

2. 곤돌렌(Gondolen) 레스토랑과 카타리나 전망대
슬루센역을 나오면 정면에 하늘 높이 삐죽 튀어나온 건물을 발견할 수 있다. 커다란 블록처럼 생긴 곤돌렌 레스토랑 위에 전망대가 있다. 식당을 이용하지 않고 전망대만 올라갈 수도 있어 부담 없이 다녀올 만하다.

3. 포토그라피스카
스톡홀름의 박물관 중에서 가장 늦게까지 열려 있는 사진 박물관이다. 대부분의 박물관이 오후 6시(또는 그보다 빨리)에 닫는 데 비해 포토그라피스카는 최대 새벽 1시까지 운영하니 시간 활용을 해야 하는 여행객에게 정말 매력적이다. 박물관 2층에 있는 카페와 레스토랑에서 보이는 풍경이 매우 멋지다.

4. 스톡홀름 시청 타워

40분에 한 번씩 입장이 진행되고, 한 번에 최대 30명까지만 들어갈 수 있다. 방문 당일 현장에서만 표를 구매할 수 있기 때문에 날씨가 좋은 날은 입장권이 빨리 매진된다. 5~9월에만 운영된다.

5. 몬테리우스바겐(Monteliusvägen) 산책로

관광객이 많이 가지 않는 숨겨진 예쁜 오솔길로, 감라스탄까지 이어져 있다. 길을 따라가다 보면 마리아베르예트(Mariaberget) 전망대와 이바르 로스 파크(Ivar Los park)가 나온다. 센트랄브론 다리를 건너다 뒤를 돌면 언덕 위의 고풍스러운 건물들이 한눈에 쏙 들어와 매우 멋지다.

6. 힘렌(Himlen) 레스토랑

스톡홀름의 신시가지인 쇠데르말름섬 중심에 위치하고 있다. 엘리베이터를 타고 25층까지 올라가면 스톡홀름 시내의 환상적인 전망에 둘러싸인다. 높은 건물이 없는 시내 한복판에서 분위기 있는 스웨덴식 식사를 하며 오래된 건물들을 내려다볼 수 있다.

7. 어반 델리(Urban Deli) 스비아베겐(Sveavägen)점

어반 델리는 유기농 식료품점, 카페, 식당 겸 바로 운영되는 그로서란트 마켓(grocerant market)이다. 여름에는 옥상정원을 개방한다. 1층 식료품점에서 도시락과 음료를 사서 옥상으로 올라가 여유로운 시간을 보낼 수 있다.

8. 타크(Tak) 레스토랑

스톡홀름 중심가의 한 호텔에서 운영하는 레스토랑 겸 바다. 스칸디나비아식과 일식을 합친 퓨전 메뉴로 우리 입맛에도 아주 잘 맞는다. 건물 13층과 14층에 있어 멜라렌 호수와 우뚝 솟은 시청사를 아우르는 멋진 전망을 맛있는 음식과 함께 즐길 수 있다.

9. 현대 미술관(Moderna Museet) 레스토랑

현대 미술관 안쪽에 있는 식당으로, 한쪽 벽 전면이 창으로 되어 있다. 창밖으로 보이는 풍경이 환상적이다. 신선한 제철 재료로 만드는 맛있는 점심 뷔페를 먹으며 여유롭게 스톡홀름을 즐길 수 있다.

10. 에릭손 글로브(Ericsson Globe) 전망대

지하철을 타고 글로벤역에 내리면 스웨덴 최대 복합 시설인 에릭손 글로브에 도착한다. 에릭손 글로브의 특별한 전망대 '스카이뷰(Skyview)'는 커다란 구 형태다. 에릭손 글로브의 벽면을 타고 올라가 전경을 감상한다. 거대한 공 안에서 20분 동안 놀이기구를 타는 것처럼 즐기며 130m 높이의 꼭대기에 오를 수 있다.

북유럽 신화 속 신들이 살고 있는 유르고르덴

△△△

스톡홀름 도시 안에는 섬 전체가 넓은 자연 속 숲처럼 느껴지는 유르고르덴Djurgården이 있다. 유르고르덴은 '동물의 정원'이란 뜻으로, 16세기 중반 바사왕(구스타브 1세 바사)이 왕실의 사냥터로 사용했기 때문에 지어진 이름이다. 유르고르덴의 중심에는 시립공원 중에서는 최초로 국립공원으로 지정된 로열 내셔널 시티 파크가 자리 잡고 있으며 섬 곳곳에 스톡홀름의 박물관들이 모여 있다. 유르고르덴으로 들어가는 다리 위에는 북유럽 신화에 나오는 신 4명의 조각상이 세워져 있다. 다리 입구에는 북유럽 최고신 오딘의 아내인 프리그가 지팡이를 들고 있고, 인간의 수호신인 헤임달은 뿔나팔 갈라르호른을 불고 있다. 유르고르덴으로 가까워지는 곳에는 그 유명한 천둥의 신 토르가 마법의 쇠망치 묠니르를 어깨에 이고 있고, 미의 여신 프레이야는 손 위에 매를 올린 채 서 있다.

우직하고 힘이 센 토르는 북유럽의 신 가운데 가장 잘 알려져

있다. 난쟁이들의 실수로 손잡이가 짧게 만들어지긴 했지만 묠니르는 세상에서 가장 단단한 망치다. 토르가 힘껏 던진 묠니르는 목표물을 정확히 맞춰 부수고 항상 주인의 손으로 다시 돌아온다. 이 묠니르와 관련된 신화 중에 재미있는 것이 하나 있다. 어느 날, 거인족이 토르에게서 묠니르를 훔쳐간 뒤 이를 돌려주는 대가로 아름다운 프레이야를 요구한다. 그러자 쇠망치를 되찾기 위해 우락부락한 토르가 여장을 하고 프레이야인 척 거인국에 들어간다. 그 모습은 특히 재치 있고 유머가 넘치는 일화로 기록되어 있다.

아름다움의 상징 프레이야는 전쟁에도 뛰어났고 마법 솜씨도 가장 출중했다. 그녀는 매의 깃털로 만든 마법의 옷을 가지고 있었는데, 그 옷을 입으면 매로 변신해 날 수 있다. 프레이야는 마법의 옷을 다른 신들에게 빌려주어 문제가 생겼을 때 해결할 수 있도록 도왔다. 토르의 망치를 찾는 데에도 이 옷이 사용되었다. 프리그는 신화에서 차지하는 비중이 크진 않으나 결혼과 가족을 지키기 위해 최선을 다한 신으로 그려진다. 다리 위에 북유럽 대표 신 오딘 조각상을 세웠을 법도 한데 그의 아내 프리그가 조각되어 있다는 점이 흥미로웠다. 조각상 중 헤임달이 가장 의미심장하다.

눈과 귀가 밝은 헤임달은 인간의 세상 미드가르드와 신들의 세상 아스가르드를 잇는 무지개다리에서 아스가르드를 지키는 파수꾼 역할을 한다. 세계의 종말이 시작될 징조를 알아채고 갈라르호른을 불어 전쟁을 준비하게 하는 것도 헤임달이다. 유르고르덴과 연결된 다리 위에서 헤임달은 뿔나팔을 불고 있다. 그 모습을 보면 유르고르덴으로 들어서는 것은 곧 전쟁이 시작될 신들의 세계로 들어가는 것임을 알 수 있다.

거대한 전함에서 17세기 스웨덴의 위용을 느끼다

△△△

스웨덴에서 가장 유명한 왕을 꼽자면 칼마르동맹으로부터 스웨덴의 독립을 이룩한 구스타브 1세 바사와 그의 손자 구스타브 2세 아돌프Gustav II Adolf가 있다. 바사왕은 강력한 왕권을 수립하려 중앙집권적 통치를 했고 교회로 헌납된 재산을 국가가 관리할 수 있게 하는 경제개혁을 감행했다. 또한 로마가톨릭교에서 분리되어 루터교를 국교로 받아들였다(국교 제도는 2000년에 폐지되었으나 여전히 대부분의 스웨덴인이 루터교에 소속되어 있다). 바사왕의 아들들 사이에 왕권 싸움이 있은 후 1611년 '사자왕'이라 불리는 구스타브 2세 아돌프가 즉위했다. 그는 탁월한 전술을 가지고 발트해를 중심으로 스웨덴의 세력을 넓혀갔다. 유럽 내에서 스웨덴의 위상이 한창 올라가고 있던 중 독일 중부에서 시작되어 유럽 전역으로 퍼진 종교전쟁인 30년 전쟁(1618~1648)이 발발했다. 1630년에 참전한 스웨덴은 전쟁에선 승리했으나 그 과정에서 구스타브 2세 아돌프가 목숨을 잃었다. 이후 스웨덴은 영토를 확장하며 17세기 북유럽의 새로운 강자로 떠올랐다. 스톡홀름은 1634년에 공식적으로 스웨덴 왕국의 수도로 선정되었다.

17세기 스웨덴의 막강했던 국력을 보여주는 거대한 전함이 유르고르덴에 보존되어 있다. 바로 구스타브 2세 아돌프의 야심작 바사호다. 컴컴한 바사 박물관Vasa Museet의 커다란 문을 열면 당장이라도 밀고 나올 듯한 기세의 바사호가 웅장한 모습을 드러낸다. 거대한 전함을 실제로 보는 것, 그것도 배의 밑바닥까지 훤히 들여다보는 것은 처음이라 놀라울 뿐이었다. 이렇게 큰 배가 어쩌다 침몰했고, 어떻게 그대로 복원될 수 있었을까?

발트해 통행세 문제로 폴란드와 전쟁 중이었던 구스타브 2세 아돌프는 강한 해군과 전함의 필요성을 느껴 발트해에서 가장 크고 견고한 전함을 만들라고 명령했다. 전함은 3년 후인 1628년에 완성되어 많은 사람들이 지켜보는 가운데 첫 항해를 나섰다. 그런데 날씨가 평온했음에도 육지에서 불과 120m밖에 나가지 못하고 바닷속으로 천천히 가라앉아버렸다. 불행 중 다행으로, 출항하자마자 침몰했기 때문에 대부분의 선원이 구출되어 사망자는 많지 않았다. 그로부터 333년간 바사호는 바닷속에 잠들어 있어야 했다. 1961년 인양된 뒤에 거의 원형에 가까운 모습으로 복원되었다.

오랜 시간 바닷물에 부식되어 외부 도색이 벗겨졌지만, 본래 바사호는 형형색색으로 칠해진 화려한 배였다. 180여 개의 세밀한 조각으로 치장되어 있고 사자왕 구스타브 2세 아돌프를 상징하는 사자 형상도 웅장하게 만들어져 있다. 한 나라의 자존심을 걸고 만들었는데 전쟁터엔 가보지도 못하고 바로 침몰해버렸으니 얼마나 허무했을까? 무기와 선원을 무리하게 실어서 배의 적재량을 초과한 것이 침몰 원인으로 밝혀졌다. 왕의 지나친 욕

컴컴한 바사 박물관의 커다란 문을 열면
당장이라도 밀고 나올 듯한 기세의 바사호가
웅장한 모습을 드러낸다. 거대한 전함을 실제로 보는 것,
그것도 배의 밑바닥까지 훤히 들여다보는 것은
처음이라 놀라울 뿐이었다.

심이 화를 부른 셈이다. 아이러니하게도 그 덕분에 후손들은 바사호라는 최고의 유산을 갖게 되었다.

유니바켄으로 떠나는 동화 여행

△△△

스웨덴을 돌아다니다 보면 못생긴 삐삐와 말 인형이 종종 보인다. 동화 주인공인 삐삐는 빨간 머리를 우스꽝스럽게 두 갈래로 땋고 양말은 짝짝이로 신은 채 특이한 행동을 한다. 동화책 속 삐삐도 예쁜 편은 아니지만 인형은 정말 놀랍도록 대충 만들었다. 그런데도 아이가 있는 스웨덴 집에는 삐삐 인형이 하나씩 다 있다. 삐삐는 스웨덴에서 가장 사랑받는 캐릭터다. 작가는 의도하지 않았다고 했으나, 삐삐는 여자아이 캐릭터에 대한 고정관념과 사회가 정

유니바켄에 들어서면 펼쳐지는 동화 속 세상

해둔 착한 아이의 틀을 깨부수며 해방감을 주었다. 삐삐를 만날 수 있는 유니바켄Junibacken이 바사 박물관 바로 옆에 있다.

세계적인 동화 작가 아스트리드 린드그렌Astrid Lindgren은 원래 초등학교 교사였다. 아픈 딸을 위해 즉석에서 만들어낸 이야기가 1945년에 《내 이름은 삐삐 롱스타킹》이라는 책으로 출간되면서 단번에 유명 작가가 되었다. 특히 1970년대 후반에 이 책을 원작으로 동명의 TV 드라마가 제작되어 세계적인 인기를 끌었다. 유니바켄은 린드그렌의 동화를 주제로 조성된 테마 박물관이다. 호수가 보이는 곳에 삐삐의 오두막과 삐삐가 번쩍 들던 말이 만들어져 있다. 어린아이들뿐만 아니라 삐삐를 기억하고 있는 어른들도 많이 찾는다. 대표작인 《내 이름은 삐삐 롱스타킹》 외에 다른 북유럽 동화 캐릭터들도 만날 수 있다. 작은 요소까지 놓치지 않고 아기자기하게 꾸며놓아 동화 속 세상이 그대로 눈앞에 나타난 것 같다. 규모는 크지 않지만 구석구석 흥미로운 공간들이 풍부하다.

유니바켄에서 가장 좋았던 것은 스토리 트레인이다. 어디에서도 이런 열차는 경험하지 못했다. 스토리 트레인은 정말 동화 속을 여행하듯이 날아다닌다. 그 어떤 놀이기구보다도 흥미진진했다. 우리가 탄 열차가 다가가면 동화 주인공 방의 문이 저절로 열렸고 열차에 탄 채로 구경할 수 있었다. 마을 구석구석을 살펴보는 동안 열차 안에서는 린드그렌의 마지막 작품인 《동화책 여행The Storybook Journey》이 흘러나왔다. 이야기는 세계 각국의 언어로 제공되는데, 스웨덴어 버전으로 들으면 진짜 린드그렌의 목소리로 동화를 들을 수 있다. 이 책은 린드그렌의 여러 작품에 나오는 주요 장면들을 엮은 것이라서 린드그렌의 다른 동화를 읽고 가면 훨씬 이해하기 쉽다. 《사자왕 형제의 모험》, 《산적의 딸 로냐》, 《에밀은 사고뭉치》, 《지붕 위의 카알손》 등이 포함되어 있다. 스토리 트레인에 앉아 좋아하는 이야기를 만나니 더 짜릿했다.

> 그런데 정말 놀라운 일이 생긴 거야. 베개에 얼굴을 묻고 울고 있는데 어디서 비둘기 울음소리가 들리는 거 있지. 고개를 들어보니 눈처럼 하얀 비둘기가 있더라. (중략) 비둘기는 낭기열라에 대해 들려줬어. 거기는 정말 끝내주게 멋진 곳이라는 거야. 그리고 거기서 요나탄 형이 내가 빨리 오기만을 기다리고 있다고 전해줬어.
>
> — '아픈 동생을 살리려다 사후세계 낭기열라로 먼저 간 형을 그리워하는 주인공 칼', 아스트리드 린드그렌의 동화 《사자왕 형제의 모험》 중에서

나는 린드그렌의 동화 중에서 《내 이름은 삐삐 롱스타킹》보다 《사자왕 형제의 모험》을 최고로 꼽는다. 험난하고 고된 상황에서도 서로를 아끼며 챙기는 형제의 우애는 어떤 소설보다도 가슴 절절한 감동을 주었다. 물론 스토리 트레인은 책의 내용을 이해하지 못해도 충분히 즐겁다. 유니바켄에서 아이들과 함께 놀다 보면 어느새 아이들보다 더 푹 빠져 즐기고 있는 내 모습을 발견하게 된다.

린드그렌의 동화 세계를 만날 수 있는 곳이 하나 더 있다. 린드그렌이 태어난 작은 도시 빔베르뷔Vimmerby에 있는 아스트리드 린

드그렌 월드Astrid Lindgrens Värld다. 스톡홀름에서 3시간 반 거리에 있는 곳으로, 린드그렌의 작품들을 바탕으로 조성된 넓은 동화 마을이다. 화려하거나 신나는 놀이기구는 없지만 자연과 함께 어우러진 동화 속 풍경을 만끽할 수 있다. 우리 가족도 아스트리드 린드그렌 월드에 방문한 적이 있는데, 책으로 읽었던 이야기들을 하나씩 떠올리며 즐거운 시간을 보냈다.

스웨덴의 역사 속으로 걸어 들어가다

△△△

1800년대에 이르러 다소 늦었지만 북유럽에도 산업화 바람이 불었다. 전통적인 농업사회였던 스웨덴에도 변화가 시작되었다. 마을 공동생활로 밀집해 있던 농가의 구조는 토지개혁 정책으로 인해 해체되고, 각 세대마다 경작하는 땅이 넓어지며 경제적으로도 성과를 얻었다. 1862년에는 스톡홀름과 스웨덴 제2의 도시 예테보리Göteborg를 잇는 국영 철도가 건설되며 산업화에 속도가 붙었다. 하지만 이후 척박한 북유럽 환경에 흉년이 들고 인구가 증가하면서 수많은 스웨덴인이 미국, 호주, 뉴질랜드 등으로 이민을 가기도 했다. 민족학자 아르투르 하젤리우스Artur Hazelius는 스웨덴을 여행하며 변해가는 농업사회의 모습을 직접 목격했다. 급격한 산업화로 스웨덴 전통이 사라지는 것을 걱정한 그는 전국에서 150채의 전통 가옥을 구입하여 한곳에 모았다. 그리고 1891년 과거 스웨덴 사람들의 생활 모습을 그대로 재현한 세계 최초 야외 박물관 스칸센

웅장한 궁전과도 같은 노르디스카 박물관에 있는 구스타브 1세 바사의 조각상

Skansen을 열었다. 이어서 1907년에는 생활용품과 민속 유물을 전시하는 노르디스카 박물관Nordiska Museet도 개관했다.

스톡홀름 시내에서 7번 트램을 타면 유르고르덴의 박물관들을 쉽게 찾아갈 수 있다. 운 좋게 옛날식 트램이라도 타게 되면 놀이공원에 온 듯했다(실제로 유르고르덴 안에는 그뢰나 룬드 티볼리Gröna Lund Tivoli라는 놀이공원도 있다). 스칸센에 가기 전 유르고르덴에서 가장 눈에 띄는 건물인 노르디스카 박물관에 들렀다. 덴마크 르네상스 건축의 영향을 받아 지어진 건물 외관이 멋진 궁전 같아서 어떤 성에 들어가는 것보다 웅장한 느낌을 주었다. 박물관에서는 1520년부터 현재까지 500년에 걸친 스웨덴의 생활양식을 알 수 있다. 어떻게 입는지, 무얼 먹는지, 어떤 축제를 즐기는지 스웨덴 사람들의 전통과 문화를 보여준다. 나는 박물관에 갈 때마다 오디오 가이드를 꼭 빌렸다. 설명과 함께 흘러나오는 음악을 듣다 보면 시간 여행을 하는 기분이 들었다. 박물관의 중심에는 엄청난 풍채를 자랑하는 구스타브 1세 바사의 조각상이 앉아 있다. 이 조각상도 조각가 칼 밀레스의 작품이다. 노르디스카 박물관의 다른 전시관들도 흥미롭지만 나는 특히 스웨덴의 1년을 볼 수 있는 'Tradition' 전시관이 좋았다.

6월 6일은 1523년 바사왕이 스웨덴을 독립국가로 세운 날이자 1809년 새 헌법이 제정된 날이다. 그래서 스웨덴 국경일로 지정되었다. 하지만 국민들은 이 날보다는 6월 말의 '미드소마Midsommar'를 훨씬 크게 축하하고 기념한다. 미드소마는 스웨덴어로 '한여름'

을 의미하는 말이다. 겨울이 긴 북유럽에서 여름은 매우 소중한 계절이다. 스웨덴에서는 6월 19일부터 25일 사이에 있는 토요일을 미드소마로 정하고 그 전날도 휴일로 지정해 축제를 즐긴다. 미드소마에는 가족, 친구들과 만나서 해가 지지 않는 긴긴 여름밤을 함께 보낸다. 이때 스웨덴식 식탁에는 청어 절임과 삶은 감자, 딸기를 올리고 향신료를 첨가한 보드카로 만든 술인 스냅스snaps를 곁들인다. 스웨덴 곳곳에는 풀을 두른 높은 장대가 세워진다. 사람들은 그 장대 주변을 빙글빙글 돌면서 개구리 같이 뛰는 춤을 추며 1년 중 가장 해가 긴 날을 만끽한다.

여름에 미드소마 축제가 있다면 겨울에는 '루시아 데이St. Lucia Day'가 있다. 북유럽의 겨울이 길기는 해도 주요 도시들은 해안가에 위치해 있어 생각처럼 혹독한 강추위는 많지 않다. 하지만 겨울에 나타나는 극야 현상으로 인해 해를 볼 수 있는 시간이 급격히 줄어든다. 스톡홀름만 해도 12월엔 오후 3시 무렵부터 어둑어둑해진다. 빛에 대한 사람들의 갈망을 나타내듯 해가 가장 짧아지는 날인 12월 13일을 '빛의 성녀' 루시아의 날로 정했다. 성녀 루시아는 크리스마스 즈음 자주 들을 수 있는 노래 〈산타 루치아〉의 주인공이기도 하다. 루시아 데이에는 전국적인 행사를 개최하며, 여자아이들을 대상으로 올해의 루시아를 뽑는다. 루시아로 선정된 아이는 실제 촛불로 만든 화관을 머리에 얹는다. 볼 때마다 촛농이 떨어지진 않을지 아슬아슬했다. 각 교회에서는 루시아 콘서트를 연다. 긴 흰색 드레스에 빨간 벨트를 두른 소녀들과 별이 달린 고깔모자를

스웨덴 전통 생활양식을 체험할 수 있는 스칸센

쓴 소년들이 손에 불붙인 양초나 촛불 모양 손전등을 들고 노래를 부른다. 루시아 데이는 어둠이 긴 북유럽에서 빛을 밝히는 아주 오랜 전통으로 스웨덴에서 크게 기념하는 날 중 하나다.

노르디스카 박물관에서 스웨덴 사람들의 전통적인 삶을 간접 체험했다면 스칸센에서는 실제로 눈앞에 펼쳐진다. 전통 복장을 한 사람들이 집에서 빵을 굽고 나무를 손질하며 옆집에서 일어나는 일상처럼 자연스럽게 돌아다닌다. 스톡홀름에서 아이들과 가장 여러 번 방문한 곳이 스칸센이다. 연간 회원권을 거듭 구매하여 시간이 날 때마다 찾아갔다. 미드소마, 루시아데이, 새해맞이 등 스웨덴의 모든 주요 연중행사 및 축제가 스칸센에서 열린다. 닫혀 있는 문을 열고 한 곳씩 들어가보면 스웨덴 사람들의 오래된 집, 작업 공간, 학교 등이다. 그중에는 빵집도 있는데, 옛날 방식 그대로 구운 빵을 판다. 한 스웨덴인 친구는 스칸센에서 파는 카네불레(스웨덴의 대표 빵으로, 일종의 시나몬 번)가 최고라고 말하기도 했다. 스칸센에 가보면 오늘날 스웨덴 사람들의 체구에 비해 집이 상당히 작은 것을 느낄 수 있다. 허리를 숙이고 움직여야 할 때도 많다. 이는 소박하다 못해 힘들었던 과거 북유럽의 생활환경을 고스란히 보여준다. 스칸센에 자주 간 이유 중 하나는 동물들이다. 갈 때마다 새로운 동물들이 보게 되었다. 운이 좋을 경우 순록이나 무스를 만날 수도 있다. 나의 경우 스칸센에 스무 번쯤 가봐도 순록을 보지 못했다. 그래서 안내 책자에 순록이 있다고 적혀 있는 것은 거짓말이라고 믿게 될 무렵, 처음으로 순록을 만날 수 있었다.

스톡홀름의 무료 박물관

스톡홀름은 2015년 시내에 있는 공공 박물관들의 입장료를 없애고 더 많은 시민과 관광객이 부담 없이 박물관을 이용할 수 있게 했다. 그동안 유료로 입장해야 했던 박물관인 만큼 전시의 수준이 높은 것은 말할 것도 없다. 그중에서도 현대 미술관(Moderna Museet), 건축 박물관(ArkDes), 국립미술관(Nationalmuseum), 스웨덴 역사 박물관(Historiska Museet), 전쟁 박물관(Armémuseum), 스웨덴 자연사 박물관(Naturhistoriska Riksmuseet)은 꼭 방문하길 추천한다.

잔잔한 불빛으로 채워지는 북유럽의 겨울

△△△

북유럽 겨울 여행이 여름에 비해 쉽지 않은 건 사실이다. 하지만 혹야, 오로라, 눈 쌓인 절경 등 겨울에만 볼 수 있는 매력이 있으니 쉽게 포기해버리긴 아쉽다. 북유럽 겨울 여행을 결정했다면 12월이 적절하다. 만약 북쪽 도시까지 모두 다녀오려면 3월이 좋다. 겨울 동안 사람들은 실내에서 지내는 시간이 늘어나기 마련이다. 그러니 겨울이 긴 북유럽에서는 인테리어, 디자인이 발달할 수밖에 없다. 겨울이 되면 집 안 곳곳에 은은한 촛불을 켜고 너무 밝지 않은 간접 조명을 늘린다. 커다란 창문 주변에는 전구를 둘러 장식하고 창틀마다 양초를 올린다. 화려하지는 않아도 집집마다 새어 나오는 잔잔한 불빛이 북유럽 야경의 매력이다. 기독교에는 크리스마스 전 4주일을 특별히 여기며 일주일에 하나씩 총 4개의 초를 밝히면서 그리스도의 탄생을 기다리는 문화가 있다. 이 기간을 어드벤트Advent(대강절)라고 부른다. 이 무렵 창문에 큰 별을 다는 것도 겨울철 스웨덴의 전통 중 하나다. 그래서 12월에는 어딜 가든 창문에 매달려 있는 커다란 별을 볼 수 있다. 아이들은 크리스마스까지 하루에 하나씩 열어보는 어드벤트 달력을 선물 받기도 한다. 어드벤트 달력 속에는 초콜릿이나 사탕, 소품, 장남감 등이 들어 있다.

11월 말부터 스톡홀름의 거리도 길고 어두운 겨울을 준비하기 시작한다. 주요 30개 거리에 크리스마스 전등을 밝히는 것이 대표적이다. 이는 유럽에서도 손꼽히는 행사로, 천사, 순록, 눈 결정 등 다양한 모양의 전등을 매달아 스톡홀름 전역을 환하게 바꾼다. 하루가 금세 저무는 대신 분위기 있게 빛나는 가로등 아래를 거닐 수 있다. 특히 중심가에 있는 NK 백화점에서는 매년 테마를 바꿔 쇼윈도를 꾸민다. 해마다 사람들은 쇼윈도 오픈 시간을 기다리며 새로운 전시를 보기 위해 이곳으로 몰려든다. 인형들이 음악에 맞춰 움직이는 모습은 아기자기한 팝업 동화책을 보는 것처럼 귀엽다.

'율Jul'은 스웨덴어로 크리스마스를 뜻하는 말이다. 스웨덴에서는 11월 말부터 크리스마스 전까지 율마크나드Julmarknad라는 크리스마스 마켓이 열린다. 감라스탄의 스토르토르예트 광장과 스칸센의 마켓이 유명하고, 쿵스트레고덴에서는 야외 무료 스케이트장과 함께 작은 마켓이 열린다. 계피를 첨가한 따끈한 와인인 글뢰그glögg와 얇은 생강과자 페파카코르pepparkakor를 먹는 것이 전통이다. 하지만 글뢰그는 내 입맛에 전혀 맞지 않아서 대신 커피를 사 들고 생강과자와 설탕 입힌 땅콩을 먹었다.

우리 가족도 창문에 큼직한 별을 달고 커다란 나무를 사와서 크리스마스트리를 만들었다. 곳곳에서 트리로 사용할 수 있는 진짜 나무를 쉽게 구할 수 있다. 솔향기가 은은하게 풍기는 트리 옆에 앉아 있으면 길고 어두운 북유럽의 겨울도 조금은 편안하게 느껴졌다. 사실 크리스마스가 지난 후 뾰족한 가시가 우수수 떨어지는 나무를 처리하는 일이 번거롭기는 했다. 그래도 멋진 트리가 있어 가족 모두 행복한 크리스마스를 보낼 수 있었다. 스톡홀름에서

거리의 은은한 조명이 아름다운 스톡홀름의 겨울 풍경

겨울을 보낼 때 내 기대와는 달리 눈이 항상 많이 오지는 않았다. 그래서 가끔 폭설이 내리면 너무 즐거웠다. 아이들은 썰매를 타고 거리를 돌아다녔고 공원의 눈밭을 뒹굴었다. 어두운 북유럽의 겨울은 눈이 와야 불빛들이 반사되며 반짝거려 환하고 예쁘다. 그래서 하얀 눈이 가득 내려 스톡홀름의 겨울을 낭만적으로 밝혀주길 바라고는 했다.

스톡홀름 주민이 추천하는 '시간을 내서 갈 만한 곳'

1. 밀레스 조각 공원(Millesgården)

스웨덴의 대표 조각가 칼 밀레스의 조각들을 한곳에서 볼 수 있다. 스톡홀름에서 20분 정도 떨어진 예쁜 마을 리딩외(Lidingö)에 있는 곳으로, 칼 밀레스가 부인 올가와 함께 살던 곳을 조각 공원으로 꾸몄다. 로뎅의 제자이기도 한 밀레스는 그리스와 북유럽 신화를 주제로 현실보다는 이상을 그리는 작품을 많이 만들었다. 바다가 보이는 테라스에 있는 대표작 〈신의 손〉처럼 이상향을 담은 작품들이 높게 세워져 있다. 지형을 잘 활용하여 조성된 조각공원은 밀레스의 작품을 더욱 빛나 보이게 한다.

2. 튀레스타 국립공원(Tyresta National Park)

대중교통으로 가기에 편하지는 않지만, 스톡홀름에 오래 머무는 분들에겐 주저 없이 추천하는 곳이다. 여름이든 겨울이든 언제 가도 환상적이다. 북유럽 자연이 가지고 있는 묘한 색채와 풍경을 모두 담고 있다. 좀 더 스웨덴 사람처럼 숲을 즐기고 싶다면 일회용 그릴과 소시지, 옥수수 등을 챙겨 가서 구워 먹으면 좋다. 단, 불을 피울 수 있는 곳이 별도로 마련되어 있으니 반드시 확인해야 한다.

3. 하가 공원(Hagaparken)

숲과 자연을 너무 좋아하는데 티레스타 국립공원까지 가기 힘들다면 스톡홀름 근처에 있는 하가 공원에 가면 된다. 18세기 말 구스타브 3세(Gustav III)가 만든 도시 내 국립공원으로, 스웨덴의 자연을 그대로 느낄 수 있다. 공원 안에 넓은 호수가 있어 여름에는 수영을, 겨울에는 스케이트를 즐기기도 한다. 서커스 천막을 연상시키는 파란색 구리 텐트가 유명하다. 원래 고위층 관리인의 숙소로 지어졌으나 지금은 박물관과 식당으로 운영되고 있다. 구리 텐트 앞의 긴 언덕 아래로 이어지는 호수의 전망이 매우 멋지다. 눈이 오면 언덕은 천연 눈썰매장으로 변신한다. 공원 안에 있는 하가 성에는 현재 빅토리아 왕세녀 가족이 거주하고 있다.

4. 스코그쉬르코고르덴(Skogskyrkogården)

'숲속의 묘지'라는 뜻으로, 'Woodland Cemetery'라고도 불리는 묘지공원이다. 1900년대 초 공모전을 통해 설계되었다. 세계에서 아름다운 도서관으로 꼽히는 스톡홀름 시립도서관을 설계한 군나르 아스플룬드와 동갑내기 건축가 시그루트 레베렌츠의 디자인이 채택되었다. 주변 자연경관을 최대한 살리기 위해 높은 나무를 그대로 두고 묘지를 조성한 것이 특징이다. 숲과 묘지가 함께 어우러져 삶과 죽음이 자연스럽고도 편안하게 공존한다. 1994년 유네스코 세계문화유산으로 선정되었다. 중앙역에서 스코그쉬르코고르덴역까지는 15분 정도 걸린다. 조용하지만 어둡지 않고, 차분하지만 슬프지 않은 아름다운 공원이다.

밀레스의 작품을 여유롭게 즐길 수 있는 밀레스 조각 공원

눈의 여왕이 살고 있는 라플란드,

키루나와 아비스코

라플란드Lapland는 스웨덴, 노르웨이, 핀란드 북부와 러시아의 콜라 반도를 아우르는 북유럽에서도 최북단 북극권 지역을 말한다. 우리가 북유럽이라고 하면 떠올리게 되는 혹독한 추위에 눈이 잔뜩 쌓인 풍경은 대부분 라플란드 지역의 것이다. 라플란드는 백야와 극야를 가장 명확하게 경험할 수 있는 곳이다. 여름에는 밤에도 해가 지지 않아 하루 종일 낮처럼 밝은 백야가 며칠씩 계속된다. '한밤의 태양Midnight sun'이라 하여 밤이 되어도 태양이 지평선 위에서 머물며 아래로 내려가지 않는다. 반대로 겨울에는 낮에도 해가 뜨지 않아 어두운 날이 지속된다. 그나마 다행인 것은 극야 기간에 해가 뜨지 않아도 하루 종일 칠흑 같이 어둡지는 않다는 것이다. 지평선 아래에 걸려 있는 태양이 하루 3~4시간 정도는 날을 밝혀준다. 그리고 라플란드를 가득 덮은 눈이 빛을 반사하여 어두움을 줄여준다.

> "너는 왜 여기에 혼자 있어?"
>
> 게르다는 순록에게 그동안의 일들을 모두 들려주었습니다.
>
> "눈의 여왕이 카이를 데려간 모양이네. 어디로 갔을지 알 것 같아. 내가 태어난 곳에 눈의 여왕이 사는 성이 있단다."
>
> 순록은 게르다를 등에 태우더니 라플란드가 보일 때까지 쉬지 않고 달렸습니다. 그리고 마침내 게르다의 눈에 하얀 성 하나가 보였습니다. 눈의 여왕이 사는 곳답게 눈밭 위 얼음 나무들 사이에 우뚝 솟아 있었지요.
>
> – '사라진 친구 카이를 찾아 눈의 여왕이 사는 라플란드로 향하는 게르다', 한스 안데르센의 동화 《눈의 여왕》 중에서

안데르센의 아름다운 동화 《눈의 여왕》 속 주인공인 게르다는 잃어버린 친구 카이를 찾으러 나선다. 카이는 얼음 조각을 맞고 눈의 여왕에게 끌려가버렸다. 친구를 찾기 위해 게르다는 마녀 할머니에게 잡혀가 기억을 잃기도 하고, 산적에게 습격을 당하기도 한다. 눈의 여왕이 살고 있는 라플란드까지 가는 여정은 험난했다. 마침내 도착한 라플란드는 너무나 신비롭고 아름다운 곳이었다. 우리는 게르다가 본 라플란드를 직접 경험하기 위해 더 추운 겨울에 찾아가기로 했다. 스톡홀름에는 10월부터 차가운 바람이 불어오는

라플란드 유목민이 살았던 오두막을 닮은 키루나 교회

데, 그 무렵 북쪽 지역은 이미 눈이 내릴 정도로 춥다고 했다. 11월 초 우리는 스웨덴에서 가장 북쪽에 있는 키루나Kiruna행 비행기에 올랐다. 하늘 위에서 비행기 창밖으로 보이는 라플란드를 먼저 만날 수 있었다. 검은 산 위에 듬성듬성 흩뿌린 듯한 눈이 덮여 있는 모습이었다. 1시간 반의 비행 끝에 키루나 공항에 도착했다. 이제 겨우 오후 2시 반이었지만 해가 넘어가고 있었다. 숙소를 찾아가기 전 키루나 시내를 잠시 둘러보기로 했다.

움직이는 도시 키루나의 얼음 궁전

키루나는 풍부한 광산을 기반으로 철광석을 수출하면서 광업 도시로 발전했다. 광산 주변을 따라 자연스레 분산된 형태로 주거지가 생겨나 도시 중심지는 형성되지 않았다. 광산 회사 LKAB는 1890년 설립되어 채굴을 시작하면서 키루나의 모든 역사를 함께 해왔다. 키루나에 마을이 형성되기 시작하자 LKAB의 사장인 얄마르 룬드봄Hjalmar Lundbohm은 당시 유명한 건축가, 예술가, 도시 계획가를 모아 마을의 중심 역할을 할 수 있는 교회를 만들었다. 이후 1912년에 라플란드 유목 민족의 오두막을 닮은 키루나 교회Kiruna Kyrka가 완성되었다. 솔직히 말하면 키루나는 관광도시가 아니라서 교회를 빼면 그다지 볼거리가 많지 않다. 교회 안으로 들어가보니 한 발자국씩 옮길 때마다 삐걱삐걱 나무 소리가 났다. 교회 내부가 무척 조용해서 작은 소리도 크게 울렸다. 고개를 돌릴 때마다 교회

천장의 커다란 창으로 가득 들어오는 빛에 눈이 부셨다. 교회는 겨울의 짧은 해를 조금이라도 더 담으려고 애쓰듯이 지어졌다. 밖으로 나와 바라본 키루나 교회는 빨간 고깔모자를 푹 눌러쓴 채 눈 속에 쭈그리고 앉아 있는 요정 같았다. 해가 지면 교회의 나무 틈새에서 숨어 있던 요정이 나와서 삐걱대는 발소리에 대답할지도 모른다.

키루나는 동쪽으로 3km 정도 옮겨질 예정이다. 키루나의 성장 기반이었던 철광석 채굴로 인해 문제가 생겼기 때문이다. 오랜 기간 지속적으로 채굴이 이루어진 탓에 지반이 조금씩 가라앉고 있다. 그래서 도시 전체를 이동시키는 사업을 진행 중이다. 아무리 작은 도시라고 할지라도 도시를 이동시키는 것은 큰 프로젝트다. 미국과 호주에서 작은 마을을 옮긴 사례가 있긴 하지만, 키루나처럼 도시 하나를 옮기는 프로젝트는 처음이라 스웨덴뿐만 아니라 전 세계가 주목하고 있다. 2017년 5월에 첫 번째 건물이 트럭에 실려 이동을 시작했으며, 키루나는 100년에 걸쳐 조금씩 옮겨갈 계획이다. 현재 키루나에서는 집을 통째로 들어 올리는 진풍경이 펼쳐지고 있다. 조용하고 차분한 마을의 주택 건물 사이사이를 걸었다. 지금 나는 이 작은 마을의 마지막을 걷고 있는 셈이었다.

키루나 시내에서 차로 20분쯤 떨어진 곳에 토착 유목 민족인 사미Sami족이 살던 유카스야르비Jukkasjärvi 마을이 있다. 토르네Torne 강 옆에 위치한 유카스야르비는 사미족의 언어로 '물로 만나는 장소'라는 뜻을 지니고 있다. 이 작디작은 마을이 유명해진 것은 세

모든 것이 얼음으로 만들어져 있는 키루나의 얼음 호텔

계 최초의 얼음 호텔이 있는 곳이기 때문이다. 1989년 LKAB에서 일하던 잉브 베르퀴스트가 아시아의 얼음 조각상에서 영감을 얻어 얼음으로 건물을 만든 것인데, 처음부터 호텔을 지으려던 건 아니었다. 예술가를 초청하여 워크숍을 열고 작품 전시회와 영화 상영을 위해 사용했다. 그러다 한 방문객이 얼음 건물 안에서 하룻밤 지내볼 수 있냐고 제안했다. 잘 공간을 만들어주기는 했지만, 다음 날 아침이 되자 모두들 "그 사람 아직 살아 있나?"며 걱정했다고 한다. 이후 매년 전 세계의 예술가 40여 명이 유카스야르비를 찾아와 토르네강에서 수확한 얼음으로 호텔을 만들었다. 10월 즈음부터 골격을 만들기 시작해 12월 중순이 되면 얼음 호텔이 완성된다.

그렇게 해마다 새로운 얼음 호텔이 세워진다. 날이 따뜻해지면 수명을 다한 얼음 호텔은 자연스럽게 녹아서 강으로 흘러 들어간다. 사람의 손끝에서 아름다운 모습으로 새로 태어났던 얼음이 다시 처음 생겨난 곳으로 돌아가는 것이다. 하나의 얼음 호텔이 완전히 녹는 데 무려 3개월이나 걸린다.

우리가 얼음 호텔을 찾아갔을 때는 아직 새로운 얼음 호텔이 완성되기 전이었다. 그래도 얼음 호텔을 경험해볼 수는 있었다. 2016년에 녹지 않는 얼음 호텔 '아이스 365'가 문을 열었기 때문이다. 태양열 발전으로 냉방기를 가동하여 1년 내내 얼음 호텔을 즐길 수 있게 되었다. 체크인은 6시부터이고, 그 전에는 마음껏 객실에 들어가서 구경할 수 있다. 얼음으로 된 객실은 모두 예술 작품 그 자체였다. 투명하고 정교한 작품으로 가득했다. 얼음 계단을 하나씩 오르니 진짜 눈의 여왕이 살고 있는 얼음 궁전 같았다. 얼음 의자에도 앉아보고 얼음 책을 꺼내 읽는 척도 해보았다. 얼음으로 만든 바에서 얼음 컵에 담긴 칵테일이나 샴페인을 마실 수도 있다.

한겨울 북극권의 기온은 영하 20~35℃가 보통이지만, 우리가 방문했을 때는 영하 5℃ 정도였다. 얼음 호텔 직원은 날씨가 이상하게 따뜻하다며 패딩 조끼 하나만 입고 있었다. 아무리 그래도 영하의 날씨에 조끼만 걸치다니. 추위에 단련되어 있지 않은 나는 호텔 안에서 몸이 점점 얼어갔다. 여행을 다니며 사막에서 담요를 깔고 자기도 했고, 숲속에서 침낭 하나에 들어가 잔 적도 있다. 그만큼 어디서든 잘 자는 편이지만 얼음 호텔에서 자고 싶은 마음은 별로 들지 않았다. 너무 추워서 한숨도 못 잘 것 같아 둘러보는 것만으로도 충분했다. 얼음 호텔 내부는 아무리 추워도 영하 8℃ 아래로는 내려가지 않는다고 한다. 두터운 순록 담요는 호텔에서 제공해주니 함께 온기를 나눌 누군가가 있다면 한번 도전해볼 만도 하다.

고속도로 위에서 만난 순록 가족

라플란드에는 아직 오래된 전통을 이어가고자 하는 사미족이 살고 있다. 라플란드라는 명칭에서 유래하여 라프Lapp인이라고 불리기도 하고, 나라별로 조금씩 다르게 불리기도 하지만 혈통은 같다. 사미족의 규모는 정확히 조사되지 않았으나 대략 8만 명에서 10만 명 정도이며, 그중 약 90%가 스웨덴과 노르웨이에 살고 있는 것으로 추정된다. 유목민인 사미족은 본래 순록을 데리고 다니면서 오두막을 짓고 생활했다. 현재는 일반 주택에 살며 공예품 제작이나 여행 관련 일을 생업으로 삼고 있다. 더 이상 유목 생활을 하지는 않지만 사미족은 현대 문명 속에서도 자신들의 정체성과 문화를 지키기 위해 노력한다. 알고 보면 사미족은 우리에게도 친숙하다. 디즈니 영화 〈겨울왕국〉에 나오는 크리스토프의 모델이 바로 사미족인데, 크리스토프가 입고 있는 옷이 사미족의 전통 복장이다. 사미족과 순록은 떼려야 뗄 수 없는데 크리스토프 역시 순록 친구 스벤을 데리고 다닌다.

키루나에서 차로 약 1시간 걸리는 아비스코 국립공원Abisko National Park에 다녀오기로 했다. E10 고속도로로 진입하자마자 비현실적으로 멋진 풍경이 펼쳐졌다. 눈을 떼지 못하고 창가에 매달려 있던 중 도로 옆 표지판이 눈에 들어왔다. 표지판에는 동물이 뛰어다니는 그림이 그려져 있었다. 그런데 순록과 무스는 도무지 구분하기 어려웠다. "스벤이 많이 나오는 곳인가 봐!"라고 하면 그건 무스 표지판이었고, "앗! 저건 무스 표지판이야?"라고 하면 그건 순록이었다.

스웨덴의 도로 표지판에는 동물 그림이 많이 그려져 있다. 그 중 항상 헷갈렸던 것은 무스Moose(말코손바닥사슴)와 순록Reindeer이었다. 무스는 엘크Elk라고도 불리며 몸길이가 2.5~3m에 달하고 무게는 800kg이 넘는다. 사슴류 중에 제일 몸집이 크다. 도로에서 종종 동물과 부딪히는 사고가 나는데, 무스는 워낙 몸이 거대해서 충돌하면 오히려 차 안에 있는 사람이 크게 다칠 확률이 높다. 무스는

스웨덴 도로의 동물 주의 표지판(왼쪽부터 무스, 사슴, 순록)

주둥이가 둥글고 손바닥 모양의 낮고 넓적한 뿔을 가지고 있다. 순록은 북쪽 지방에서 흔히 볼 수 있는 동물이다. 사슴류에서 유일하게 가축화되었으며, 산타의 썰매를 끄는 루돌프도 순록이다. 몸길이는 1~2m이고 무게도 무스의 3분의 1 정도다. 특히 순록의 뿔은 매년 새로 자란다. 뼈로 만들어진 뿔은 하루에 최대 2cm씩 자라며 혈액 공급이 풍부하게 이루어진다. 순록의 뿔로는 생활용품이나 장식품을 만들 수 있다. 고기는 식용으로, 가죽은 겉옷이나 담요 등으로 쓰인다.

차를 타고 가는 내내 혹시나 순록을 만나지 않을까 하는 기대감에 가득 찼다. 표지판을 볼 때마다 기대감은 더욱 높아졌다. 바로 그때, 도로 한가운데 어슬렁거리며 움직이는 무언가가 보였다. 드디어 순록 떼를 만났다! 그 순간 너무 반가워서 온 가족이 소리를 질렀다. 순록들은 차 따위는 전혀 방해가 되지 않는다는 듯이 도로 위에 한참을 서 있다가 길을 내주었다. 순록들은 유유히 길을 가로질러 반대쪽으로 건너갔다. 우리는 차를 세운 채 순록들이 완전히 지나갈 때까지 기다렸다.

조금 더 길을 달려 아비스코 국립공원에 도착했다. 먼저 아비스코 관광 안내소를 찾아갔는데 마침 공휴일이라 문을 닫은 상황이었다. 지도 한 장 없이 숲속으로 들어가는 것이 조금 걱정되었으나 우리끼리 가벼운 트래킹을 하기로 했다. 어두워지기 전에 나올 생각으로 걸음을 옮겼다. 뒤를 돌아보니 얼음 호텔을 만들어 내는 토르네강의 발원지인 토르네 호수가 넓게 펼쳐져 있다. 얼굴

드디어 순록 떼를 만났다!
그 순간 너무 반가워서 온 가족이 소리를 질렀다.
순록들은 차 따위는 전혀 방해가 되지 않는다는 듯이
도로 위에 한참을 서 있다가 길을 내주었다. 순록들은 유유히
길을 가로질러 반대쪽으로 건너갔다. 우리는 차를 세운 채
순록들이 완전히 지나갈 때까지 기다렸다.

을 스치는 바람이 차가웠지만 가슴이 시원하게 뚫렸다. 눈이 녹았다 얼기를 반복하다 보니 나뭇가지 끝에 얼음이 꽃봉오리처럼 여러 겹으로 맺혀 있었다. 지금까지 봤던 어떤 꽃보다도 아름다웠다. 작고 신비로운 눈꽃을 보는 것만으로도 즐거워 발걸음이 가벼워졌다. 이내 물 흐르는 소리가 들리더니 깎아지른 절벽에 협곡이 나왔다. 아주 깊지는 않아도 층층이 쌓인 지층이 오랜 세월의 흔적을 보여주었다. 색은 또 어찌나 오묘하던지 자연이 만들어낸 아름다움에 놀랄 뿐이었다. 안쪽으로 계속 걷고 싶었지만 해도 많이 기울었고 지나온 시간만큼 다시 걸어야 해서 중간에 발을 돌리기로 했다. 눈 속에서도 3시간가량을 잘 따라 걸어준 5살배기 둘째 아이가 참 고마웠다. 아마 아이들도 그 어떤 풍경보다 황홀한 모습에 힘든 것을 잠시 잊었나 보다. 주말에 자주 숲으로 놀러갔던 것이 도움이 되었는지도 모르겠다. 자연은 항상 그 어떤 놀이터보다 즐겁다. 다시 키루나로 돌아오는 길에도 순록 떼를 만났다. 아이들은 아까 봤던 그 순록이라고 했지만 확인해볼 길이 없었다.

태양이 지구의 하늘에 그리는 그림, 오로라

△△△

이른 저녁을 먹고 숙소로 돌아온 우리는 우선 잠깐 눈을 붙였다. 찬바람을 맞고 돌아다녀서 노곤하기도 했고, '오로라 사냥'을 하려면 밤에 깨어 있어야 했기 때문이다. 오로라를 직접 보는 것은 꼭 이루고 싶은 소망이었다. 하지만 북유럽에 살아도 오로라를 보기가 쉽지 않았다. 오로라 여행을 떠났다가 결국 보지 못하고 돌아온 친구들도 여럿 있었다. 보고 싶다고 볼 수 있는 것도 아니고 언제 보게 될지 알 수 없어 오로라를 보러 가는 일을 '오로라 사냥'이라고 부른다. 오로라는 밤하늘에 형형색색의 빛이 신비롭게 드리워지는 현상을 말한다. 형태가 다양해서 은하수 같이 가만히 있을 때도 있고, 천천히 움직이기도 하고, 바람에 휘날리는 커튼처럼 펄럭이기도 한다. 오로라라는 이름은 로마신화에 나오는 새벽의 여신 '아우로라aurora'에서 유래되었다.

오로라와 관련된 다양한 전설들이 있다. 오로라를 마법의 여우가 눈 사이를 달릴 때 꼬리에서 일어나는 불꽃이라고 생각해서 '하늘의 불' 또는 '여우 불꽃'이라고도 불렀다. 오로라가 펄럭이면 근심과 걱정이 사라지고 행운을 찾아온다고 믿기도 했다. 반면 오로라를 '죽은 자의 눈'이라고 여겨서 손가락으로 오로라를 가리키면 안 된다고 하거나 사람들의 영혼이 몸을 떠나는 모습이라 생각하여 경건하게 바라봐야 한다는 이야기도 있다. 죽은 전사들을 천국으로 데리고 갈 때 뿜어져 나오는 빛이라고 말하기도 했다. 오로라의 발생 원인이 과학적으로 밝혀지기 전까지 사람들에게 오로라는 신기하기도 하고 무섭기도 한 존재였을 것이다.

오로라는 태양의 표면이 주기적으로 폭발하면서 발산하는 입자, 즉 플라스마plasma가 지구자기장에 이끌려 와서 대기 중의 원소와 충돌했을 때 만들어지는 빛이다. 오로라는 지구뿐만 아니라 다른 행성에서도 생성된다. 지구 남반구에서도 발생하는데, 관찰이

가능한 남반구 지역에는 사람이 살지 않아 접근이 어렵다. 그래서 오로라는 북반구에서 볼 수 있다. 이 때문에 오로라를 영어로 'Northern Lights(북극광)'라고 부르기도 한다. 하지만 꼭 정해진 지역에서만 볼 수 있는 것은 아니다. 드물지만 플라스마가 아주 강할 때에는 스톡홀름에서 오로라가 관찰되기도 한다. 오로라의 색은 플라스마와 부딪히는 대기 중의 성분에 따라 결정된다. 산소와 만나면 녹색, 질소와 만나면 붉은색이나 보라색으로 보인다. 이외에 분홍색, 노란색, 파란색 등 여러 가지 색으로 나타난다.

지구상에서 가장 놀라운 자연현상 중 하나인 오로라는 언제 어떻게 나타날지 정확하게 예측하기가 불가능하다. 어떤 때에는 매일 밤 나오기도 하고, 어떤 때에는 일주일 내내 안 보이기도 한다. 우리는 한숨 자고 일어나서 오로라 사냥에 나섰다. 추위에 대

선명하지 않아도 감격스러웠던 오로라 사냥

비해서 두꺼운 부츠 안에 양말을 두 겹으로 신고 가져간 옷을 전부 껴입으며 만반의 준비를 마쳤다. 하늘에 구름이 가득해 오로라를 못 보는 건 아닐지 걱정스러웠다. 숙소 뒤에 오로라를 볼 수 있는 공간이 있어 자리를 잡고 앉았다. 다행히 구름이 서서히 걷히며 하늘이 맑아졌다. 바람도 거의 없어 눈밭 위에 앉아 있을 만했다. 하늘 가득 총총하게 빛나는 별들 사이에서 별자리를 찾아보며 시간을 보냈다. 얼마 지나지 않아 하늘 위로 불쑥 솟아오르는 듯한 형체가 생겨났다.

"오로라가 피어난다!" 구름과는 확실하게 달랐다. 하늘에서 무언가가 선을 그리며 느리게 움직이고 있었다. 도저히 조용히 감상할 수가 없었다. 멋있다는 감탄사와 함께 연신 환호성을 질렀다. 과학적 지식 따위는 필요하지 않았다. 그저 신비로울 따름이었다. 오로라가 생길 때마다 우리는 소리를 질렀다. 오로라 지수가 겨우 kp2로 나왔던 날이라서 영상으로 보았던 것처럼 출렁거리는 모습은 아니었다. 그래도 우리에겐 충분히 멋있었고 최고로 감격스러운 순간이었다. 아이들이 오로라를 보고 신이 난 것은 말할 필요도 없다. 오로라는 2시간 정도 나타났다가 없어지기를 반복했다. 혹시나 다시 나오지는 않을까 초조하게 기다렸지만 이후에는 보이지 않았다. 숙소로 돌아와서도 우리는 흥분해서 한동안 잠을 이루지 못했다. 첫째 아이는 자신이 지금까지 여행하며 겪은 일 중에 가장 환상적인 경험이었다고 말했다. 북쪽 라플란드 여행은 매 순간이 꿈을 꾸는 것 같았다.

오로라를 찾는 방법

- 오로라는 지구자기장이 강한 극지방 주위에서 발생한다. 마치 도너츠처럼 북극점을 중심으로 가운데는 비워두고 위도 65~70도 지역에서 가장 잘 보인다. 이 지역에 있는 도시들로는 스웨덴의 키루나와 아비스코, 노르웨이 트롬쇠와 로포텐 제도, 핀란드의 사리셀카, 아이슬란드 등이 있다.

- 오로라는 일 년 내내 발생하지만 해가 긴 여름에는 매우 보기 어렵다. 겨울 중에서도 9~10월과 3~4월이 오로라를 관찰하기에 가장 좋은 시기다.

- 오로라를 보려면 도시나 건물 주변의 빛을 피해 어두운 곳으로 가야 한다. 우선 구름이 없는 북쪽 하늘을 바라본다. 북극성이나 북두칠성을 찾으면 쉽다. 태양의 활동이 강하더라도 하늘에 구름이 잔뜩 끼어 있으면 관찰하기 어려우니 구름의 양도 확인해야 한다.

- 'Aurora' 등 오로라 예측 애플리케이션을 활용한다. KP 지수를 확인하면 된다. kp4~5 정도만 되어도 꽤 화려한 오로라를 볼 확률이 높다.

- 가장 흔한 오로라는 녹색이다. 육안으로 보았을 때는 흰색으로 보이는 경우가 많은데, 사진을 찍으면 선명한 녹색으로 보인다.

- 현지 오로라 투어에 참여하는 방법도 있다. 물론 투어 당일에 오로라를 못 볼 수도 있다. 그럴 경우 다음 날 다시 투어를 할 수 있게 해주는 업체들도 있다.

다채롭고 신비한 자연을 품은

고틀란드

스웨덴 지도를 보면 본토의 오른쪽에 고틀란드Gotland와 욀란드Öland라는 2개의 큰 섬이 있다. 이 두 섬은 스웨덴 본토 중심에 있는 베네른Vänern 호수와 베테른Vättern 호수에서 떨어져 나왔다는 전설이 있다(베네른 호수는 스웨덴에서 가장 큰 호수이자 유럽에서 세 번째로 큰 호수다).

고틀란드는 스웨덴 최대의 섬이다. 고틀란드라는 지명은 지질 지대의 명칭에서 따왔다는 설과 '고트Gott(신)'라는 독일어에서 유래했다는 설이 있다. 고틀란드는 기이하고 놀라운 자연환경만으로도 신의 섬이라고 불릴 만한 자격이 충분하다. 제주도 면적의 1.7배 정도 되는 고틀란드는 스웨덴 사람들에게 우리의 제주도와 같은 섬이다. 스웨덴 사람들은 해외여행을 가는 기분으로 고틀란드를 찾는다.

스톡홀름에서 차로 40분 정도 남쪽으로 내려가서 고틀란드행 페리가 출발하는 항구가 있는 도시 뉘네스함Nynäshamn에 도착했다. 페리에 오르자마자 갑판 위로 나가서 6월 초의 차가운 바닷바람을 맞으며 발트해를 눈에 담았다. 3시간 정도 배를 타면 고틀란드에 도착한다. 배에서 내리는 순간부터 발트해의 진주라고 불리는 이 섬의 매력에 빠져들게 될 것이라고 직감했다. 본격적인 고틀란드 여행을 시작하기도 전, 비스뷔Visby의 색다른 분위기에 취해 나도 모르게 말이 튀어나왔다. "여기 또 와야겠어."

비스뷔의 성벽을 따라 거닐며 중세 스웨덴을 만나다

바다를 좋아하는 키키는 마녀 수련을 위해 빗자루를 타고 바다가 보이는 마을을 찾아 떠난다. 키키가 하늘을 신나게 날면서 내려다보는 어두운 주황색 지붕의 마을이 바로 비스뷔다. 일본 애니메이션 영화 〈마녀배달부 키키〉는 스웨덴의 스톡홀름과 비스뷔를 배경으로 그려졌다. 스톡홀름과 비스뷔를 모두 알고 나서 보니, 영화 속에 두 도시의 풍경이 적절히 섞여 있었다. 검은 지붕은 스톡홀름이고 주황색 지붕은 비스뷔다. 키키가 도착한 마을은 대도시인 스톡홀름을 모티브로 삼았고, 키키가 머무른 장소와 오밀조밀한 골목길은 비스뷔를 꼭 닮았다.

비스뷔에 도착하자마자 나도 모르게 "여기 또 와야겠어"라는 말이 튀어나왔다.

비스뷔는 중세의 모습을 그대로 간직하고 있다. 도시 전체가 돌로 만든 성벽으로 둘러싸여 있으며, 유네스코 세계문화유산으로 지정되어 있다. 유네스코는 비스뷔를 '북유럽에서 가장 잘 보존된 요새화된 상업 도시'라고 표현했다. 발트해 한가운데에 위치한 지리적 여건 덕분에 비스뷔는 일찍이 중세의 교역 도시로 자리 잡았다. 12세기에 이르러 유럽에서 상업이 부흥하면서 독일 북부에 있는 함부르크, 뤼베크, 브레멘, 베를린 등의 도시들이 성장했다. 당시 독일 상인들은 자신의 이익을 보호하기 위해 한자동맹을 결성했다. 이때 '한자hansa'는 독일어로 친구 또는 무리를 뜻한다. 비스뷔는 12세기부터 14세기에 걸쳐 발트해의 한자동맹 중심지가 되어 상업 도시로서 전성기를 맞이했다. 200채 이상의 창고와 부유한 상인들의 집이 지어지며 도시가 발달했고 교회도 세워졌다. 이

때 해상 공격을 막기 위해 3.5km에 달하는 대규모 성벽을 쌓았는데, 덕분에 비스뷔는 아직까지도 중세 시대가 살아 있는 도시가 되었다. 비스뷔에 도착하자마자 오래된 성곽을 따라 조성되어 있는 해안 산책로를 걸었다. 〈마녀배달부 키키〉에서 키키와 친구 톰보가 비행자전거를 타고 신나게 달렸던 것처럼 우리도 시원한 바닷바람을 맞았다. 날아갈 것 같은 가벼운 기분이었다. 반짝이는 바다 위로 갈매기도 우리와 함께 날았다.

비스뷔 성벽 안쪽으로 들어가면 중세 시대의 교회 유적을 볼 수 있다. 비스뷔에는 16개 이상의 교회가 있었다고 하는데, 지금은 대부분 폐허 상태의 유적(Drottens Ruin, St. Clemens Ruin, St. Nicolai Ruin 등)으로 남아 있다. 16세기 중반, 비스뷔와 사이가 나빴던 독일 뤼베크인들이 모든 교회를 불태웠기 때문이다. 이때 독일 상인들의 예배를 위해 만들어진 비스뷔 산타마리아 대성당Visby S:ta Maria Domkyrka만은 파괴하지 않았다. 덕분에 비스뷔 산타마리아 대성당은 유일하게 원형이 보존되어 현재도 사용되고 있다. 다른 교회들은 모두 붕괴되어 지붕 없이 천장이 뻥 뚫린 형태로 외곽만 남았다. 오늘날 이 유적들은 결혼식과 같은 행사 장소로 사용된다.

중세 전성기 이후 비스뷔는 해적들의 침입을 받고 스웨덴과 덴마크의 전쟁터로 쓰이면서 쇠퇴했다. 1470년에는 한자동맹의 지위도 잃게 되었다. 1361년부터 약 300년간 덴마크의 지배하에 있던 비스뷔는 1645년에 스웨덴으로 반환되었다. 그 뒤로 안정을 찾아갔고, 17~18세기 스웨덴 양식으로 주택들이 지어졌다. 19세기에 들어 상업과 항만산업이 부흥하며 제2의 전성기를 맞았으며 성벽 외곽을 따라 현대식 건물도 많이 들어섰다. 고틀란드 박물관 Gotlands Museum에 가면 이러한 역사와 문화를 알 수 있다.

호텔보다는 코티지cottage(단독 가옥 형태의 숙박 시설)에서 머무르길 좋아하는 우리는 비스뷔에서 차로 7분 거리에 있는 곳에 숙소를 마련했다. 검색을 해보니 눈에 쏙 들어오는 숙소가 있었다. 바로 나무 위의 집! 즐거워할 아이들을 상상하며 과감하게 그곳에 묵기로 했다. 다락방에 올라가 잠들고는 했던 나의 어린 시절을 추억하고 싶은 마음도 있었다. 체크인 후 열쇠를 받아 들고 잔뜩 기대에 부풀어 우리의 숙소로 향했다. 그런데 예상과는 많이 달랐다. '나무 위의 집'이라고 하기엔 높이 매달려 있지 않았던 것이다. 삐걱대는 문을 열고 들어가니 상당히 좁은 내부에 침대만 덩그러니 놓여 있었다. 게다가 통나무로 만든 문이 꽉 닫히지도 않아 내부에 차가운 기운이 돌았다. 그날따라 비까지 내렸다. 난방이 잘 되지 않는 나무 집에 있자니 그냥 밖에 앉아 있는 것과 마찬가지였다.

다행히 침대 밑에서 히터를 발견했다. 온도를 높여 집 안이 따뜻해지자 그렇게 재미있을 수가 없었다. 내가 어릴 때 놀던, 딱 그런 작은 놀이터 같은 다락방이었다. "엄마는 올라오지 마세요"라고 말한 아이들은 나무를 타고 2층 다락을 오르락내리락했다. 그러다 천장에 달린 그물을 발견하고는 그 위에 앉아 내려올 줄을 몰랐다. 작은 소리까지 다 들리는 아담한 나무 집은 우리 가족을 포근하고 가깝게 만들었다. 공용 샤워장에 가서 씻으니 남편은 다

어린 시절 다락방에서 놀던 추억을 떠올리게 한 나무 위의 집

시 군대에 온 것 같다 했지만 나는 수학여행을 온 것처럼 들떴다. 조금 불편하더라도 나무 집에서 자는 하룻밤은 쉽게 할 수 있는 경험이 아니니 말이다.

나무 집의 지붕 위로 떨어지는 빗방울 소리를 자장가 삼아 잠들었다가 창문 사이로 들리는 새소리에 눈을 떴다. 이제 겨우 새벽 3시. 그런데 밖이 이미 아침처럼 환했다. 북유럽 백야는 생각지 못한 변수였다. 나무 사이로 빛이 새어 들어오니 아침이 될 때까지 1시간마다 눈이 저절로 떠졌다. 나무 집의 하룻밤은 특별하다고 스스로를 위로하며 눈을 감아보았지만 제대로 잠을 이룰 수가 없었다. 다음 날 아이들은 나무 집이 너무 재미있다면서 하루 더 머물고 싶다고 졸랐다. 물론 가족을 위해 내 몸이 찌뿌둥한 것쯤은 참을 수 있다. 하지만 나무 집 경험은 하루면 충분하다!

외계 행성 같은 포뢰섬의 비현실적인 풍경

△△△

아침이 되니 비가 그치고 해가 났다. 우리는 일정을 바꿔 포뢰Fårö섬에 먼저 가기로 했다. 북유럽 날씨는 변덕스러워서 날이 좋을 때 빨리 움직여야 한다. 포뢰섬은 고틀란드에서 가장 북쪽에 위치하고 있으며 본 섬과 떨어져 있는 작은 섬이다. 포뢰섬에 가기 위해 고틀란드 본 섬의 북쪽 끝인 포뢰순드Fårösund에 도착했다. 30분마다 출발하는 무료 카페리car ferry에 차를 싣고 바다를 건넜다.

포뢰섬은 잉마르 베리만Ingmar Bergman 감독이 여생을 보낸 곳으로 유명하다. 잉마르 베리만은 스웨덴 출신 영화·연극 감독으로 현대 영화계에서 전설로 불린다. 60편이 넘는 영화와 170편이 넘는 연극의 감독을 맡았다. 〈한여름 밤의 미소〉, 〈산딸기〉, 〈처녀의 샘〉, 〈페르소나〉 등이 그의 대표작이다. 그는 삶과 죽음, 신과 인간, 가치와 욕망 등 인간 존재에 대한 철학적인 주제를 심오하게 다

현대 영화계의 전설로 불리는
잉마르 베리만 감독

루었다. 베리만 감독은 포뢰섬에서 생을 마감했고 포뢰 교회Fårö Kyrka에 잠들어 있다. 교회 옆 묘지에서 그의 무덤을 찾을 수 있었다. 2009년 포뢰섬에는 베리만의 삶과 영화를 조명하는 베리만 센터Bergman Centre가 세워져 영화인들의 교류 장소가 되었다. 이 섬은 베리만 감독을 좋아하는 김태용 감독과 중국 배우 탕웨이가 비밀 결혼식을 올린 장소로도 잘 알려져 있다. 솔직히 나는 베리만 감독의 생가보다는 포뢰섬의 이국적인 자연환경에 더욱 끌렸다.

"나는 매우 특별한 무언가를 경험했다. 집에 온 듯한 이상한 느낌. 다른 곳이 아닌 오직 이곳에서 〈페르소나〉를 찍어야 했다. 나는 내 남은 삶을 포뢰섬에서 보내기로 결정했다."

— 잉마르 베리만 감독의 인터뷰 중에서

포뢰섬은 베리만 감독이 대표작 〈페르소나〉를 찍은 곳이자 여생을 보낸 곳으로, 그를 기리는 베리만 센터가 있다.

포뢰섬에서 가장 유명한 '라우크rauk'를 찾아갔다. 시스택sea stack의 일종인 라우크는 바다와 바람에 의한 침식작용으로 만들어진 거대한 돌기둥을 말한다. 현재에도 침식이 진행되고 있어 느리지만 계속해서 모습이 변하는 중이다. 포뢰섬 서쪽에는 이런 라우크가 많이 발달되어 있다. 뭐가 나오긴 할까 싶을 정도로 평평하고 메마른 땅을 지나 제일 규모가 크고 유명한 랑함마르Langhammars 라우크에 도착했다. 끝없이 펼쳐지는 넓은 자갈밭에 라우크가 우뚝 솟아 있다. 세계적으로 유명한 석회암 기둥들의 대부분이 바다에 있는 반면, 포뢰섬의 라우크는 자갈 해변에 있다. 그래서 그 아래에 앉아 책을 읽거나 그 위에 올라가볼 수도 있다. 높이가 10m에 달하는 거대한 랑함마르 라우크는 용맹한 바이킹 전사에 비유되기도 한다. 바다만 없었으면 온몸이 바짝 말라버릴 것 같이 건조한 광경이었다. 생물이 살기에 적합한 환경이 아니어서 살아 있는 건 나뿐인 듯한 느낌마저 들었다. 우주의 다른 행성에 간다면 이런 메마른 풍경을 볼 수 있지 않을까? 맑은 하늘보다 구름 낀 회색 하늘이 라우크와 더욱 잘 어울렸다.

포뢰섬 서쪽 해안을 쭉 따라 내려오기로 했다. 몇 분 지나지 않아 발트해를 바라보며 덩그러니 놓여 있는 오두막 몇 채를 발견했다. 18세기에 지어진 작은 어부의 마을Helgumannens Fiskeläge이다. 주로 청어를 잡고 염장하던 곳이었다고 한다. 19세기 초 농업이 성행하면서 어업은 쇠락의 길을 가게 되었다. 하지만 이 마을의 주민들은 해변에 머물며 어업을 이어갔다. 10채 남짓의 낡은 오두막과 나

세계적으로 유명한 석회암 기둥들의 대부분이 바다에 있는 반면,
포뢰섬의 라우크는 자갈 해변에 있다. 그래서 그 아래에 앉아 책을
읽거나 그 위에 올라가볼 수도 있다. 높이가 10m에 달하는 거대한
랑함마르 라우크는 용맹한 바이킹 전사에 비유되기도 한다.

무로 만든 배 몇 척은 쓸쓸해 보이면서도 마치 바다의 숨소리를 머금고 있는 것 같아 아름다웠다. 과거에 어부들이 오랜 시간 바다에서 지내다 이곳으로 돌아와 쉬어 갔던 것처럼 우리도 오두막 앞에 앉아 아무 말 없이 바다를 바라보았다. 어느 방향을 바라보아도 끝을 알 수 없을 만큼 넓은 바다뿐이었다. 우리를 둘러싼 바다는 파도가 거의 없어 고요하고 편안했다. 아이들이 자갈밭 위를 걸어 다니는 소리만 들렸다. 이렇게 아름다운 풍경을 아무런 방해도 받지 않고 나 혼자 온전히 즐길 수 있다는 건 북유럽 여행에서만 가질 수 있는 행운이다. 내 목소리를 내는 것조차 조심스러울 정도로 자연의 소리에 귀 기울이게 되는 경험을 어디서 또 할 수 있을까.

어부의 마을 바로 옆 디게르후브드Digerhuvud에 도착했다. 익숙한 해변 풍경이 보여서 혹시나 앞서 봤던 라우크의 축소판이 아닐까 하는 의구심이 들었다. 차에서 내려 바다 가까이 걸을 때까지도 그 의심은 계속되었다. 하지만 이곳은 전혀 달랐다! 디게르후브드의 해변에는 자갈이 아닌 생전 처음 보는 넓적하고 두터운 바위들이 깔려 있었다. 이 특이한 퇴적 지형은 '이탄지'다. 이탄지란 주변 온도가 낮아 죽은 수생식물의 미생물 분해가 제대로 이뤄지지 못해서 그 유해가 두껍게 쌓여 형성된 퇴적층을 말한다. 추운 지역에서 발달하기 때문에 주로 고위도 북유럽 지역에 분포되어 있다. 이곳에서 우리는 자연과학 다큐멘터리를 찍는 탐험대의 일원이 되어 미지의 땅을 살펴보았다. 바위 사이사이에 고인 물속에서 발견

디게르후브드 해변의 독특한 이탄지 지형

한 식물은 색깔이 미묘해서 이끼 같기도 했고 수초 같기도 했다. 물에 빠지지 않도록 웅덩이를 피해 바위 위를 걷다가 바다에서 나오는 다이빙복 차림의 진짜 과학자들도 만났다. 물속에서 나온 사람들의 코와 볼은 꽁꽁 얼어 빨갰다. 포뢰섬 주변 발트해의 바닷속이 얼마나 신비로울지 상상해보았다. 물이 너무 차가운 듯해서 머릿속으로 그려볼 수밖에 없었다.

고틀란드에서 발견한 또 다른 보물들

△△△

스웨덴은 우리나라의 4.5배에 달하는 넓은 영토를 가지고 있는데, 그중 3%만 사람이 사는 땅이다. 나머지는 숲과 호수로 이루어진 자연보호구역과 국립공원 등이다. 자연을 사랑하는 스웨덴 사람들은 자연을 있는 그대로 즐기려고 노력한다. 스웨덴에서는 누구나

'알레만스레텐Allemansrätten, the right of public access'이라는 권리를 가지는데, 이는 자연에 접근할 수 있는 권리를 말한다. 누구나 숲속으로 들어가 자유롭게 산책할 수 있고 버섯이나 베리류를 채취해도 된다. 자연에 대해 책임감 있는 자세를 갖추고 숲을 훼손하거나 큰 불을 피우는 등 위험한 행동을 하지 않으면 스웨덴의 자연을 마음껏 누릴 수 있다. 고틀란드 역시 사방이 자연보호구역으로 되어 있다. 길을 가다 보면 'Naturreservat(자연보호구역)'이라 적혀 있는 표지판이 자주 보인다. 우리도 비스뷔에서 멀지 않은 자연보호구역 두 곳을 찾아갔다. 고틀란드에서 비스뷔를 벗어나면 적당한 식당을 발견하기 어렵다는 것을 경험으로 배웠기에 이번에는 점심으로 먹을 샌드위치도 준비했다.

1948년, 세 명의 소년이 고틀란드의 숲에서 놀다가 우연히 동굴 입구를 찾아냈다. 울창한 숲속에 수많은 화석과 종유석, 투명한 호수가 숨어 있었다. 동굴 발견 소식은 순식간에 퍼져나갔다. 그로부터 11년 후 이 룸메룬다 동굴Lummelunda Grottan은 관광지로 개발되어 대중에게 공개되었다. 동굴을 발견한, 이제는 노인이 된 소년들의 인터뷰 영상을 본 다음 본격적인 관람을 시작했다. 룸메룬다 동굴은 4억 년 전 고생대의 모습을 고스란히 간직하고 있다. 동굴 벽에 붙어 있는 화석과 바닥에서 자라는 석순, 위에서 떨어지고 있는 종유석 등 신비한 모습을 볼 수 있었다. 미리 예약을 하면 동굴 탐험 프로그램에 참여할 수도 있다. 전등이 달린 헬멧을 쓰고 장화를 신은 채 동굴을 누비면 정말 탐험대원이 된 듯한 기분이 든다.

하지만 룸메룬다는 동굴 내부보다 주변의 숲이 훨씬 매력적인 곳이다. 다른 자연보호구역에 비해 잘 관리되고 있는 곳임에도 사람의 손이 닿지 않은 듯한 자연을 만끽할 수 있다. 특히나 사방에 흩뿌려져 무릎 높이로 자란 곰파gompa꽃밭을 거닐 때는 비밀의 숲에 들어온 것처럼 황홀했다. 야생 마늘이라고도 불리는 곰파는 높이 15~40cm까지 자라며 음식의 재료로 사용된다. 5~6월에 예쁜 꽃이 피는데 우리가 갔을 때 마침 곰파꽃이 만개해 있었다. 눈꽃송이 같기도 하고 솜뭉치 같기도 한 곰파꽃 덕분에 둥실둥실 구름 위를 걷는 느낌이었다. 북유럽 자연을 그린 그림들이 묘한 분위기를 풍기는 이유를 알 것 같았다. 숲의 끝에 다다르니 갈대가 가득한 해변이 보인다. 숲과 바다를 한 번에 즐길 수 있는 것이 북유럽 자연의 매력이다.

고틀란드 출신인 친구가 추천해준 야외 카페에 들렀다. 커피와 카네불레를 먹으며 스웨덴 여행의 끝자락에 이르렀음을 아쉬워했다. 해가 지지 않아 시간도 잊은 채 고틀란드의 바다 풍경에 푹 빠져 있었다. 배가 고파 시계를 보니 저녁 시간을 훌쩍 넘긴 때였다. 하지만 다음 날 일찍 배를 타고 떠나야 하니 고틀란드의 자연을 조금이라도 더 둘러보고 싶었다. 그래서 비스뷔에서 남쪽으로 15분 정도 거리에 있는 회그클린트Högklint를 찾아갔다. 회그클린트는 '높은 절벽'이라는 뜻이다.

그 이름처럼 절벽이 어찌나 높은지 그 아래에 있을 바다가 보이지 않았다. 절벽 끄트머리 쪽으로 조금만 걸어가도 아찔했다. 바

영화 속 한 장면 같은 회그클린트의 아찔한 풍경

람도 거세게 불어서 거짓말을 조금 보태자면 몸이 날아갈 것 같았다. 하지만 경치가 너무나 아름다워 자꾸 절벽 끝에 가까이 가고 싶어졌다. 그때 절벽 끝에서 사람들의 머리가 불쑥불쑥 올라왔다. '어떻게 아래로 내려갔지?' 하고 조심스레 다가가자 절벽을 타고 내려가는 계단이 보였다.

천천히 계단을 내려가면 절벽 틈새의 비밀 장소가 나온다. 소설《반지의 제왕》속 원정대가 험난한 여정 도중에 잠시 쉬어 갈 법한 곳이었다. 어느새 아이들은 바위 사이로 기어들어 자리를 잡았다. 나는 몸을 구겨 넣어도 들어갈 수 없을 좁은 틈에 아이들은 쏙쏙 잘도 들어갔다. 온몸으로 여행을 즐길 수 있는 아이들이 부러운 순간이었다. 아름다운 발트해의 전경과 절벽 끝에 매달린 석양이 서로 뒤섞여 고틀란드 여행의 마지막을 환상적으로 장식했다.

고틀란드는 다양한 모습을 갖고 있다. 끝없이 펼쳐지는 바닷가부터 아무도 숨 쉬지 않는 황무지, 야생화 가득한 숲, 깎아지른 절벽까지. 여행을 다녀온 후에도 고틀란드가 눈앞에 자꾸 아른거려서 결국 다시 고틀란드를 찾아가기도 했다.

고틀란드 여행 팁

1. 공식 관광 안내 사이트(gotland.com)와 여행 예약 사이트(www.destinationgotland.se)
   고틀란드 여행 시 필요한 숙박 시설, 페리 등을 모두 예약할 수 있다. 비스뷔에만 머문다면 교통편이 필요 없지만 고틀란드를 제대로 돌아보기 위해서는 차를 렌트하는 것이 가장 좋다. 곳곳에 숨어 있는 자연경관 명소들을 대중교통으로 찾아가기는 어렵다. 비스뷔 주변은 자전거도로가 잘되어 있어 자전거로도 둘러볼 만하다.

2. 우리 가족이 머물렀던 나무 위의 집은 비스뷔 부근의 해변 옆 리조트 Kneippbyn Resort Visby에 속해 있다. 워터파크, 삐삐 테마파크, 캠핑장을 포함한 다양한 형태의 숙소를 선택할 수 있어 가족 단위 여행에 좋다. 여름에 나무 집에 머물 예정이라면 안대는 필수다.

3. 7~8월 성수기의 고틀란드에는 그늘이 거의 없기 때문에 햇살이 많이 따갑고 매우 더울 수도 있다. 선글라스와 자외선 차단제를 필수로 챙겨야 한다.

4. 비스뷔를 떠나면 마땅히 끼니를 챙길 식당이 없다. 관광지라기보단 자연보호구역이라서 음료를 파는 곳조차 없다. 목적지에 닿기 전에 마트를 발견하면 미리 필요한 것을 준비해야 한다. 대신 곳곳에 나무 테이블이 마련되어 있어서 다들 가지고 온 음식을 먹는다. 샌드위치나 간단한 간식거리를 챙겨 가는 것이 좋다.

2장

덴마크

DENMARK

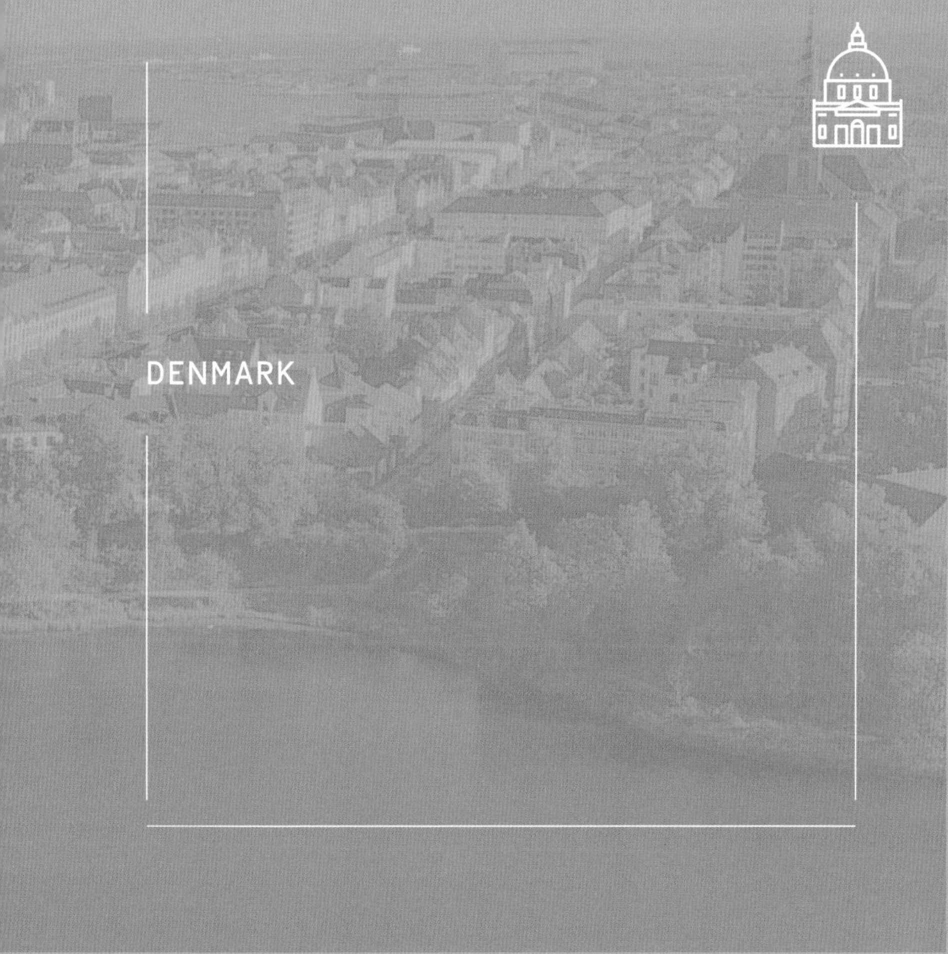

문학과 미술을 온몸으로 느낄 수 있는

코펜하겐

1개의 반도와 수도 코펜하겐Copenhagen이 있는 큰 섬, 그 주변의 작은 섬 여러 개로 이루어져 있는 덴마크는 북유럽 국가들 중에서 영토가 가장 작다. 스웨덴의 영토가 45만km^2로 제일 크고, 핀란드와 노르웨이의 영토는 각각 34만km^2와 32만km^2로 비슷하다. 반면 덴마크의 영토는 4만 3,000km^2로 스웨덴의 10분의 1에 못 미친다. 10만km^2인 우리나라의 절반도 되지 않는 크기다. 하지만 역사적으로 덴마크는 북유럽에서 가장 먼저 국가 체계를 확립하고 가장 강력한 국력을 지닌 나라였다. 빨간 바탕에 흰색 십자가가 그려져 있는 덴마크의 국기 단네브로Dannebrog는 '덴마크의 힘'을 뜻한다. 덴마크의 국기는 전 세계를 통틀어 현존하는 가장 오래된 국기로, 형태에 큰 변화 없이 1219년부터 지금까지 사용되고 있다. 현재 덴마크 여왕 마르그레테 2세Margrete II의 전용 선박 이름도 단네브로다. 십자가가 왼쪽으로 치우쳐 있는 덴마크 국기의 형태는 주변 북유럽 국가들의 국기에도 영향을 주었다. 물론 이러한 형태에는 종교적 의미도 반영되어 있다. 북유럽 3국이 칼마르동맹을 맺을 때에도 덴마크 왕을 중심으로 연합한 것을 보면 당시 덴마크의 위상이 막강했던 것은 분명하다.

스웨덴으로 이주한 후 내가 처음으로 여행을 간 곳이 바로 덴마크였다. 차를 몰고 스웨덴을 둘러보는 김에 레고랜드가 있는 덴마크의 빌룬트Billund까지 갔다 오기로 했다. 스톡홀름에서 출발해 예테보리를 거쳐 스웨덴 서쪽 해안을 따라 쭉 내려가서 말뫼Malmö에 들렀다가 덴마크로 들어가는 여행 루트를 짰다. 코펜하겐은 스

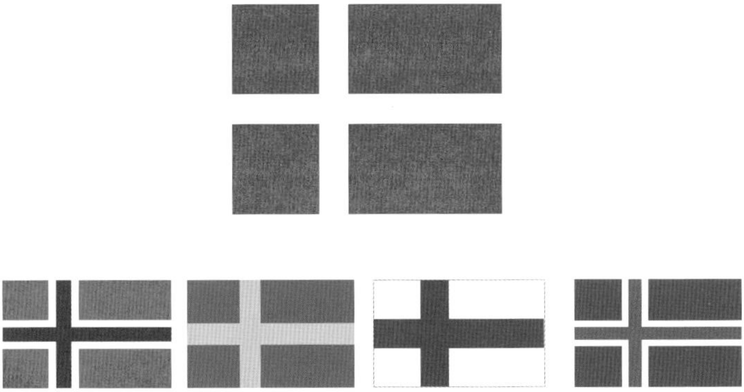

상단의 국기가 덴마크의 국기 단네브로, 하단은 왼쪽부터 노르웨이, 스웨덴, 핀란드, 아이슬란드의 국기. 단네브로의 십자가 형태는 다른 북유럽 나라들의 국기에 영향을 끼쳤다.

톡홀름에서 비행기로 1시간이면 갈 수 있지만 천천히 가볼 생각이었다. 덴마크 코펜하겐과 스웨덴 말뫼를 이어주는 외레순드 대교Øresund Bridge를 직접 건너보고 싶었다. 2000년에 개통된 이 다리는 코펜하겐 공항과 가까운 곳에 있어 건설할 때 비행기의 항로를 고려해야 했다. 그래서 외레순드 해협 중간에 있는 인공 섬 페베르홀름Peberholm부터 코펜하겐에 이르는 부분은 해저터널로 만들어졌다. 외레순드 대교를 찍은 항공사진을 보면 바다 한가운데의 섬에서 도로가 끊긴 것처럼 보인다.

덴마크는 다른 북유럽 국가에 비해 위도가 낮아 겨울에도 기후가 비교적 온난한 편이다. 덕분에 낙농업의 발달과 인구의 정착에 유리했다. 또한 유럽 대륙에 붙어 있어 유럽의 새로운 변화를 받아들이는 속도가 빨랐고 일찍부터 국가를 설립하기 위한 기초를 마련할 수 있었다. 북유럽 강국으로 부상한 덴마크는 내란으로 분열되어 있던 노르웨이를 지배했고, 1397년부터는 칼마르동맹을 맺어 스웨덴까지 통합했다. 하지만 1523년 독립을 이룬 스웨덴이 강력한 왕권을 바탕으로 북유럽 내 주요 세력으로 떠올랐다. 스웨덴은 뛰어난 군사력을 이용해 영토 확장에 나섰다. 이에 덴마크는 스웨덴의 팽창을 막으려 했다. 그러나 30년 전쟁 도중 덴마크의 크리스티안 4세Christian IV가 스웨덴과의 전쟁(1643~1645)에서 크게 패하며 오히려 영토를 잃었다. 이를 기점으로 덴마크의 세력은 쇠퇴했다. 말뫼가 있는 스웨덴 남부의 스코네Skåne주는 1200년경부터 스웨덴이 북방전쟁(1700~1721)으로 탈환하기 전까지 덴마크에

속해 있었다. 오늘날 지도를 보면 코펜하겐이 덴마크의 동쪽에 위치하고 있으나, 스코네 지역까지 덴마크 땅이었다는 것을 고려하면 본래 국가의 중심에 자리 잡고 있었던 셈이다. 여담이지만, 사실 덴마크는 북유럽에서 가장 넓은 땅을 가진 나라다. 국토 면적이 216만㎢로 전 세계에서 열두 번째로 넓은 그린란드가 덴마크령이기 때문이다(현재 그린란드에는 자치 정부가 구성되어 있다).

끝없이 길게 뻗은 외레순드 대교 위를 달리니 파랗고 맑은 북유럽의 하늘 속으로 들어가는 듯해 기분이 참으로 상쾌했다. 해저터널의 내부 모습은 일반 터널과 별반 다르지 않았다. 그래도 바닷속을 통과하고 있다는 사실에 터널을 지나는 내내 혼자 상상의 나래를 펼쳤다. 터널을 나오면 곧 '쾨벤하운København(코펜하겐의 덴마크어 표기)'이라고 적힌 표지판이 보인다. 덴마크어에 익숙지 않아 조금 어색했다. 시내로 들어서자마자 도시의 풍경이 다른 북유럽 도시들과 사뭇 다르다는 것이 느껴졌다. 대충 봐도 건물이 더 크고 외관이 화려하다. 그리고 자전거가 정말 많았다.

유럽에서 가장 오래된 왕실의 흔적, 크리스티안스보르 궁전

△△△

코펜하겐은 크리스티안스보르 궁전Christiansborg Slot이 있는 작은 섬 슬로츠홀멘Slotsholmen에서 시작되었다. 압살론 대주교가 1160년부터 1167년에 걸쳐 요새를 세우면서 도시의 토대가 만들어졌다. 1443년 덴마크의 수도가 로스킬레Roskilde(코펜하겐에서 서쪽으로 약

40km 떨어져 있는 도시)에서 코펜하겐으로 바뀌었고, 1479년 코펜하겐 대학이 설립되었다. 이어서 크리스티안 4세가 코펜하겐의 대표적인 건축물로 꼽히는 로센보르 궁전Rosenborg Slot, 룬데토른Rundetårn(원형탑), 뵈르센Børsen(옛 증권거래소), 카스텔레Kastellet 등을 세웠다. 안타깝게도 크리스티안 4세는 무리한 건설 사업으로 국력을 소진하고, 재위 말기에는 전쟁에서 패배하여 스웨덴에게 패권을 넘겨주고 말았다. 하지만 그는 뛰어난 덴마크-노르웨이 왕으로 기록될 만큼 중요한 업적을 많이 남겼다.

크리스티안스보르 궁전으로 향하다 보면 압살론 대주교의 기마상이 우뚝 서서 궁전을 바라보고 있는 모습이 보인다. '크리스티안스보르'라는 이름은 1740년 크리스티안 6세Christian VI가 성을 유

세 번의 화재를 겪고 재건된 크리스티안스보르 궁전

럽 최대 왕궁으로 호화롭게 만들면서 새로이 붙여진 것이다. 먼저 지어졌던 압살론 성, 코펜하겐 성은 파괴되었고 그 흔적들이 크리스티안스보르 궁전 지하 유적에 남아 있다. 크리스티안스보르 궁전도 1794년에 큰 화재를 겪었다. 당시 피해를 입지 않은 마구간은 옛 모습 그대로 남아 있어 지금도 마차 전시관과 주요 행사에 쓰는 말을 관리하는 용도로 사용된다. 역사적으로 세 번이나 불타 없어지고 다시 지어지기를 반복했던 크리스티안스보르 궁전은 1928년에 현재 모습으로 재건되었다. 18세기 말 화재를 계기로 왕실은 아말리엔보르 궁전Amalienborg Slot으로 옮겨 갔고, 지금까지 그곳에서 거주하고 있다. 1849년 프레데리크 7세Frederick VII는 절대군주제를 입헌군주제로 바꾸는 헌법을 승인했다. 이후 크리스티안스보

17세기 덴마크 왕실의 호화로움을 엿볼 수 있는 크리스티안스보르 궁전 내부

르 궁전으로 덴마크 국회가 들어왔고 대법원, 총리실, 왕가 접견실 등으로 쓰고 있다. 이곳은 오랜 역사를 지닌 궁전일 뿐만 아니라 국가의 삼권(행정권, 입법권, 사법권)이 한 공간에 모여 있는 곳으로도 유명하다.

> "세상은 무대, 남성과 여성은 배우일 뿐."
>
> "등장이 있으면 퇴장이 있는 법. 많은 역을 연기하네."
>
> "인간은 얼마나 위대한 작품인가."
>
> "인생은 선과 악이 뒤섞인 실로 짜여 있다."
>
> — '셰익스피어의 명대사를 주고받으며 인연을 맺게 되는 크리스티안 7세와 요한의 첫 만남'. 영화 〈로열 어페어〉(2012) 중에서

다툼의 여지는 있으나 덴마크 왕실을 유럽에서 가장 오래된 왕실로 보기도 한다. 10세기 초 바이킹 부족들을 통합한 왕이 덴마크 최초의 왕으로 기록되어 있기 때문이다. 화려한 서유럽 왕실의 역사에 가려져 그다지 주목받지 못하고 있지만 덴마크, 스웨덴, 노르웨이 모두 왕실의 역사가 오래된 나라들이다. 덴마크 왕실과 관련된 여러 사건들 가운데 흥미로운 것이 하나 있다. 절대왕정이 한창이었던 18세기 덴마크의 왕 크리스티안 7세Christian VII, 그의 아내이자 영국 공주였던 캐롤라인 마틸다Caroline Mathilde, 그리고 독일인 의사 요한 슈트루엔제Johann Struensee 사이에 벌어진 일로, 영화 〈로열 어페어〉에서 다뤄지기도 했다. 내가 크리스티안스보르 궁전에 간 이

18세기 덴마크 왕실 이야기를 다룬 영화 〈로열 어페어〉. 덴마크 왕과 영국 태생의 왕비, 그리고 독일인 의사 사이에 벌어지는 드라마로, 크리스티안스보르 궁전이 그 배경이다.

유 중 하나도 이 사건이 벌어졌던 현장을 직접 확인해보고 싶어서였다.

크리스티안 7세는 예술적 재능은 있었지만 정신병을 앓고 있어 미치광이로 불렸다. 그는 자신의 치료를 위해 고용된 요한만을 믿고 의지했다. 계몽혁명가인 요한은 개혁을 꿈꿨고, 열린 사상을 지닌 왕비와 잘 통했다. 왕의 굳은 신임을 얻은 요한은 왕을 대신하는 자리까지 올라 개혁을 위한 법안들을 통과시켰다. 그렇게 덴마크에 계몽주의 시대가 열렸다. 그러던 중 요한은 왕과 사이가 좋지 않던 왕비와 사랑에 빠지게 되었다. 둘 사이에 공주까지 태어났고, 개혁에 반대하는 귀족 세력들이 둘의 관계를 폭로했다. 결국 요한은 사형에 처해지고 말았다. 단순히 왕실의 스캔들로 치부하기에는 이 사건이 담고 있는 역사적 의미가 매우 크다. 요한과 왕비는 강한 개혁 의지를 바탕으로 덴마크를 계몽 국가로 만들기 위해 노력했다. 이들은 태형 금지, 예방접종 확대, 출판의 자유 보장, 보육원 설립, 검열 폐지 등 선도적인 업적을 세웠다. 영화 〈로열 어페어〉를 보면 당시의 시대적 배경과 함께 덴마크에 불었던 변화의 바람을 느낄 수 있다. 크리스티안스보르 궁전 안에 있는 왕실 계보 사진 중 요한 슈트루엔제의 것은 없지만 그의 이름은 남겨져 있었다. 크리스티안 7세의 아들 프레데리크 6세Frederik VI가 즉위한 뒤에 요한이 발의한 법안 대부분이 부활했다. 한 독일인이 덴마크 역사에 길이 남을 많은 기록을 남긴 것이다. 요한과 캐롤라인 여왕의 딸 루이자 공주가 낳은 딸, 즉 요한의 손녀는 훗날 크리스티안 8세Christian VIII와 결혼하여 덴마크의 왕비가 되었다.

덴마크 사람들은 코펜하겐을 '한스와 쇠렌의 도시'라고 부르기도 한다. 슬로츠홀멘섬 중앙의 작은 공원에는 세계적으로 유명한 덴마크 철학자 쇠렌 키르케고르Søren Kierkegaard의 동상이 있다. 이를 보면 키르케고르가 코펜하겐을 상징하는 인물임을 알 수 있다. 키르케고르는 실존주의 철학의 선구자로, 삶의 본질을 고민하기보다는 개인이 스스로 자신의 문제를 인식하고 자아를 발견해야 한다고 말했다. 1843년에 집필한《이것이냐 저것이냐》를 시작으로《불안의 개념》,《죽음에 이르는 병》등 많은 저서를 남겼다. 생전에는 큰 주목을 받지 못했으나, 키르케고르가 강조한 주체적인 삶은 덴마크를 넘어 북유럽에도 깊게 자리 잡았다. 그런데 이런 위상을 지닌 인물임에도 키르케고르의 동상 말고는 코펜하겐에서 그의 흔적을 찾기가 쉽지 않아 좀 뜻밖이었다. 앉아서 글을 쓰고 있는 동상을 지나 크리스티안 4세의 작품 중 하나인 뵈르센 앞을 걸으며 다음 장소로 향했다.

코펜하겐에 있는 또 다른 궁전들

1. 아말리엔보르 궁전과 프레데릭스 교회(Frederiks Kirke)

현재 덴마크 왕실의 거주지이자 다양한 왕실 행사가 열리는 곳이다. 1972년 즉위한 이후 소탈한 성격으로 국민들로부터 사랑을 받고 있는 마르그레테 2세 여왕이 거주하고 있다. 4채의 건물이 팔각형 모양 광장을 둘러싸고 있는 구조로, 광장 중앙에는 아말리엔보르 궁전을 만든 프레데리크 5세(Frederik V)의 동상이 세워져 있다. 정오가 되면 광장에서 근위병의 교대식이 열린다. 아말리엔보르 궁전 주변에는 코펜하겐 오페라하우스와 프레데릭스 교회도 있다. 지붕이 거대한 돔 형태인 프레데릭스 교회는 프레데리크 5세가 바티칸의 성베드로 대성당에서 영감을 받아 짓기 시작했다고 한다.

2. 로센보르 궁전

크리스티안 4세의 작품 중 하나인 로센보르 궁전은 본래 여름 궁전으로 지어졌다. 한때 왕실의 거처로 쓰이기도 했으나, 주로 화재나 전쟁 등의 비상시에 사용되었다. 1838년부터 일반인에게 공개되었고, 왕족 소장품이 전시되어 있다. 로센보르 궁전을 세우기에 앞서 만들어진 왕의 정원(Kongens Have)도 아름답다.

왕의 정원에서 바라본 로센보르 궁전

가장 코펜하겐다운 곳, 뉘하운에서 안데르센을 만나다

△△△

코펜하겐은 덴마크어로 '상인의 항구'라는 뜻이다. 이런 이름이 붙은 이유를 잘 보여주는 곳이 바로 뉘하운Nyhavn 지역이다. '새로운 항구'라는 의미의 뉘하운은 1673년에 운하를 개통하며 조성되었다. 1670년 초 건설된 콩겐스 뉘토르Kongens Nytorv(왕의 신광장)까지 배를 출입하게 하여 상업을 활성화시키기 위해 물길을 내고 그 주변에 부두를 만든 것이다. 당시 뉘하운은 선원들과 어부들로 항상 북적였고 술집을 비롯한 상점들로 가득했다. 그런데 화물선의 규모가 커지면서 폭이 좁은 운하에 드나들기 어려워지자 뉘하운은 점차 그 명성을 잃어갔다. 활발했던 항구가 제 기능을 못하니 그 일대가 슬럼화될 것이 우려되었다. 그래서 1960년대 중반 뉘하운 협회Nyhavn Foreningen가 결성되어 뉘하운의 지역 재생 계획을 세웠다. 1977년에는 전쟁에서 쓰였던 배를 부두에 전시하여 다양한 옛 선박들을 볼 수 있는 야외 박물관을 만들었다. 현재 뉘하운에 전시되어 있는 배들은 덴마크 국립박물관이 관리하고 있다.

지금도 뉘하운은 북적인다. 300m 정도 길이의 운하 양옆에는 노천카페, 바, 식당들이 줄지어 있다. 운하의 안쪽은 보트로 꽉 차 있다. 건물들은 알록달록하면서도 톤 다운된 북유럽 특유의 색으로 칠해져 있어 매력적이다. 거리의 활기를 느끼며 한 차례 걷고, 전체 풍경을 눈에 담기 위해 반대편으로 건너가 한 번 더 걸었다. 뉘하운에서 가장 오래된 건물은 1681년에 지어진 뉘하운 9번지다. 파란색 벽에 붙어 있는 숫자 '1681'이 300년을 훌쩍 넘긴 건물의 세월을 증명해준다.

뉘하운에서 가장 유명한 건물은 한스 안데르센Hans Andersen이 살던 집이다. 작가를 꿈꾸던 안데르센은 뉘하운 20번지에서 초기 작품을 쓰며 어려운 시절을 보냈다. 벽에는 '안데르센이 여기 살며 1835년 3월 첫 동화집을 냈다'고 적혀 있다. 다른 곳에서도 그의 흔적을 찾을 수 있는데, 1845년부터 20여 년간은 67번지에 머물며 동화 작가로 이름을 알렸고 이후의 말년은 18번지에서 보냈다. 안데르센은 작은 마을 오덴세Odense의 가난한 집안에서 태어났다. 아버지를 일찍 여의고 어머니가 재혼을 한 뒤, 14세의 안데르센은 배우를 꿈꾸며 코펜하겐으로 떠났다. 여러 극단에서 퇴짜를

안데르센은 자신의 동화가 아이들에게만 읽히는 것을 바라지 않았다. 어른들도 그의 작품에서 삶의 진리를 발견할 수 있다.

SKAGEN
FREDSFONDENS HUS
CAP HORN
SKAGEN

알록달록한 건물들과 북적이는 사람들로 늘 활기가 넘치는 뉘하운

맞고 방황하다 일생의 은인 요나스 콜린을 만나게 되었다. 정치가였던 그는 안데르센을 눈여겨보고 왕실의 후원금을 받아 도와주었고, 덕분에 안데르센은 17세라는 늦은 나이에 학교에 다시 다닐 수 있었다. 재학 중에 안데르센은 글 쓰는 재능을 발견하고 작가의 길을 가기로 마음먹었다. 독일, 프랑스, 이탈리아 등을 여행하고 돌아온 그는 1835년 장편소설《즉흥시인》을 발표해 유럽 전역에서 호평을 받았다. 곧이어 첫 번째 동화집《아이들을 위한 동화》를 발표해 동화 작가로서 명성을 쌓기 시작했다. 이후《미운 오리 새끼》,《인어 공주》,《벌거벗은 임금님》,《성냥팔이 소녀》,《엄지 공주》,《장난감 병정》등 대표작을 비롯해 200편 이상의 동화를 발표했다.

어린 시절에 안데르센의 작품을 읽지 않는 것이 더 어려울 정도로 그의 작품은 세계적인 사랑을 받았고, 안데르센은 아동문학의 아버지로 불리게 되었다. 사실 그는 동화 외에도 시, 소설, 희곡 등 다양한 장르의 작품들을 많이 남겼다. 특히 연기자를 꿈꿨던 만큼 극작가로 인정받고 싶어 했다. 안데르센은 자신의 동화가 아이들에게만 읽히는 것을 바라지 않았다. 아이들과 함께 있는 자신의 모습을 동상으로 세우려는 사람들에게 화를 냈다고도 전해진다. 안데르센의 동화는 어린이들이 쉽게 읽고 이해할 수 있는 이야기다. 동시에 어른이 된 뒤에 읽어야 공감할 수 있는 삶의 진리도 담겨 있다. 아이들에게 안데르센의 동화를 읽어줄 때면 예전엔 그냥 지나쳤던 문구가 새삼 가슴속 깊이 새겨지는 이유일 것이다.

안데르센의 숨결을 좀 더 느껴보기 위해 안데르센이 태어난

오덴세에 있는 안데르센의 생가

도시인 오덴세에도 다녀왔다. 코펜하겐에서 기차를 타고 1시간 반 정도 가면 나오는 오덴세의 이름은 북유럽 신화의 최고신 오딘의 이름에서 따온 것이라 한다. 안데르센이 코펜하겐으로 떠나기 전까지 살았던 오덴세는 오늘날 '안데르센의 도시'라고 불리는 곳이다. 아담한 건물들이 모여 있는 오덴세의 그림 같은 거리를 걷다 보면 안데르센의 생가와 동상, 안데르센 박물관 등을 만날 수 있다. 특히 안데르센 박물관에 가면 정원의 야외무대에서 안데르센의 작품을 소재로 한 공연을 볼 수 있는데, 무척 흥미로웠다. 이렇게 안데르센의 흔적들을 가꾸고 지키려는 덴마크 사람들의 노력이 있으니 안데르센이 더욱 오래도록 기억될 수 있을 것이란 생각이 들었다.

100년도 더 된 롤러코스터가 달리고 있는 티볼리 공원

△△△

덴마크에는 세계에서 가장 오래된 놀이공원과 두 번째로 오래된 놀이공원이 모두 있다. 가장 오래된 곳은 코펜하겐 북쪽 외곽에 위치한 바큰Bakken으로, 1583년에 문을 열었으며 여전히 운영 중이다. 두 번째로 오래된 곳은 1843년 개장한 티볼리 공원Tivoli Gardens이다. 티볼리 공원은 세계에서 제일 오래된 롤러코스터가 있는 곳으로도 유명하다. 하지만 아무리 안전하다고 해도 1914년에 나무로 만든 놀이기구를 타고 싶지는 않았다. 지금 당장 멈춘다 해도 전혀 이상할 게 없으니 말이다. 물론 개장 당시의 기구를 그대로 쓰는 것은 아니고 몇 차례 교체되었다고는 한다. 늦은 저녁이 되자 시내에서 갈 만한 곳들은 모두 문을 닫았다. 온통 깜깜한 도시에서 티볼리 공원만 반짝거렸다. 100년도 더 된 놀이기구를 탈 생각은 없었지만 집으로 돌아갈 시간에 사람들이 재미있게 놀고 있는 곳이 어떤 모습일지 궁금해졌다. 다른 유명 놀이공원들은 도시 외곽에 지어진 반면 티볼리는 시내의 중심에 화려하게 자리 잡고 있었다. 여행 중 늦은 시간에 역에서 나와 새로운 도시를 마주하면 낯선 곳의 서늘함을 느끼기 마련이다. 그런데 티볼리 공원이 빛을 내며 반겨주니 코펜하겐에서는 그런 어색함이 전혀 느껴지지 않았다.

티볼리 공원이 문을 열 무렵 덴마크는 정치적으로 상당히 어지러웠다. 그런 가운데 여러 나라를 여행하고 돌아온 덴마크 장교 게오르그 카르스텐센Georg Carstensen이 크리스티안 8세에게 놀이공원을 만들 것을 건의했다. 지금은 없어졌지만 1800년 초 프랑스 파리에 티볼리라는 이름의 놀이공원이 있었다. 이 공원은 이탈리아 로마 근처의 티볼리 마을에 있는 공원에서 영감을 얻어 조성되었다. 코펜하겐의 티볼리 공원은 파리 티볼리 공원의 이름을 따온 것이다. 지어질 당시 티볼리 공원은 코펜하겐 성곽 밖에 있었으나 도시가 팽창하면서 도시의 중심부인 중앙역과 시청 사이에 자리하게 되었다. 코펜하겐 시청은 1905년 세워졌다. 중앙역은 1847년에 지어졌고 증축을 거듭해서 1911년 현재의 모습으로 완성되었다. 이듬해인 1912년 티볼리 공원은 아예 입구를 중앙역 방향으로 새로 내어 많은 사람들이 찾기 쉽게 만들었다. 회전목마, 롤러코스터 등의 놀이기구와 레스토랑, 카페, 정원, 극장 등의 시설들이 이국적으로 꾸며져 있는 티볼리 공원은 개장하자마자 큰 호응을 얻었다. 스톡홀름에 있는 놀이공원 티볼리 그뢰나 룬드도 이곳의 영향을 받았다. 1955년 개장한 미국 캘리포니아의 디즈니랜드 역시 티볼리 공원을 벤치마킹한 것이다. 디즈니보다 100년을 앞서 놀이공원을 생각해낸 상상력이 정말 놀라울 따름이다.

고풍스러운 입구를 통과하여 은은한 조명이 밝혀진 길을 따라 들어가니 피코크 공연장Peacock Theatre 주변만 환했다. 저녁이 되어 쌀쌀했지만 사람들은 야외 공연장의 자리를 꽉 채우고 팬터마임 공연을 보고 있었다. 말없이 행동만으로 이야기를 진행하니 연극의 흡입력이 대단했다. 피코크 공연장은 티볼리 공원 내에서 가장 오래된 건물이다. 오랜 역사와 전통을 자랑하는 팬터마임 공연

티볼리 공원의 중국식 탑과 그 뒤로 보이는 세계에서 가장 오래된 롤러코스터

을 보게 된 것은 생각지도 못한 행운이었다. 어두워서 극장의 외관이 잘 보이지는 않았지만 얼핏 봐도 중국풍 건물임을 알 수 있었다. 공연장 중앙의 간판에는 한자로 '여민해락與民偕樂'이라고 적혀 있었다. '함께 즐거움을 느끼다'는 뜻이다. 공원 안으로 조금 더 들어가니 여기가 덴마크인지 중국인지 헷갈릴 정도였다. 작은 호수 옆에 중국식 탑이 우뚝 서 있었고, 호수에서는 사람들이 물에 비친 조명을 즐기며 배 위에서 노를 젓고 있었다. 누가 봐도 중국이었다. 티볼리 공원을 대표하는 건물들이 모두 동양의 미를 담고 있어 이국적으로 느껴질 수밖에 없을 듯했다. 홍등 사이로 용이 지나가는 거리에 앉아 저녁을 먹고 있으니 어째서 덴마크에 있는 오래된 놀이공원이 이토록 동양적인지 궁금했다.

18세기 유럽에서는 중국식 테마로 공원을 꾸미는 것이 유행했다. 티볼리 공원의 설계자들도 그런 유행을 따랐다. 당시에는 동양을 아름답고 신비한 곳으로 생각하여 많은 예술가들이 동양을 소재로 한 작품을 발표하고는 했다. 안데르센은 티볼리 공원을 창립한 카르스텐센과 친분이 있었다. 덕분에 티볼리 공원을 자주 방문했다. 그 역시 이국적인 티볼리 공원에 매료되었고 중국 황제의 공원에 대한 아이디어를 얻었다. 그리고 티볼리 공원이 개장한 해에 중국 황제와 매혹적인 목소리로 노래를 부르는 새 나이팅게일의 이야기를 담은《나이팅게일》을 집필했다. 이 동화에는 중국 황실의 분위기가 잘 표현되어 있다. 동화 속 나이팅게일은 안데르센이 짝사랑했던 여성을 비유한 것이기도 하다. 바로 맑은 목소리의 소유자인 스웨덴 출신 소프라노 예니 린드Jenny Lind다. 예니 린드는 스웨덴 구권 50크로나 화폐에도 실릴 정도로 세계적인 가수였다. 안데르센은 사랑을 고백했지만 그녀는 친구로 남기를 원했다고 한다. 놀이기구를 하나도 타지 않았는데도 시간이 빠르게 흘렀다. 티볼리 공원 앞에서 하염없이 티볼리 공원을 바라보고 있는 안데르센의 동상처럼 나 역시 발이 잘 떨어지지 않았다. 나도 모르게 아기자기한 티볼리 공원의 매력에 물들었나 보다.

알고 보면 아름답기보다는 짠한 '작은 인어상'

뉘하운에서 아말리엔보르 궁전을 지나 인어 공주 동상이 있는 카스텔레 쪽으로 향했다. 건너편으로 코펜하겐 오페라하우스가 보이는 해안가 길을 따라 걸으니 햇살이 뜨거웠다. 겉옷을 벗어 손에 들고 조금 더 가자 카스텔레가 나왔다. 카스텔레는 크리스티안 4세가 주도하여 1626년부터 세우기 시작한 요새로, 뒤이어 왕위에 오른 프레데리크 3세Frederick III가 1662년에 완성했다. 이후 제2차 세계대전(1939~1945)을 비롯해 수차례의 전쟁에서 코펜하겐을 방어하는 역할을 톡톡히 했다. 크리스티안 4세는 코펜하겐을 견고하게 만들기 위해 도시 전체를 요새화하는 마스터플랜을 설계하고, 기존에 있던 요새들을 확장한 뒤 연결하여 성벽을 세웠다. 지금은 카스텔레와 크리스티안 항구 주변에서만 그 흔적을 발견할 수 있다. 하지만 현재 코펜하겐 시내 공원들의 위치를 살펴보면 성벽이 둘러져 있던 형태를 짐작할 수 있다. 카스텔레, 국립미술관이 있는 동쪽 공원, 로센보르 궁전 뒤쪽의 식물원, 덴마크 과학자 이름을 딴 외르스테드 공원, 티볼리 공원, 크리스티안 항구를 연결하면 이들이 도시를 원형으로 둘러싸고 있는 모습이 보인다. 1850년대 후반에 이르러 옛 코펜하겐을 둘러싸고 있던 4개의 성문을 개방하고 성벽을 헐어 도시를 확장했다. 카스텔레 안에 있는 빨갛고 긴 건물들은 여전히 덴마크 육군 사무실로 사용되고 있다. 〈로열 어페어〉의 요한 스튜르엔제가 왕실모독죄로 사형되기 전까지 갇혀 있던 곳이기도 하다. 오늘날 카스텔레는 한적하고 편안하다. 관광객들은 모두 인어 동상에 몰려 있어서 조용하게 산책하기 좋았다.

카스텔레 옆 해변에는 '작은 인어상Den Lille Havfrue'이 있다. 원어로는 작은 인어이지만 우리에게는 인어 공주라는 명칭이 익숙할 것이다. 이 동상은 코펜하겐에서 가장 유명하다고 해도 과언이 아니다. 수많은 사람들이 이 동상과 사진을 찍기 위해 차례를 기다리고 있었다. 관광객들은 바닷물에 신발이 젖는 것에도 개의치 않고 동상을 만져보려 가까이 다가가 손을 뻗었다. 우습게도 이렇게 애써서 사진까지 찍은 사람들이 인어 공주 동상에 대해 생각보다 별로라는 평을 한다. 나는 왜 인어 공주 동상이 허무한 관광지로 꼽히는지 의문스럽다. 물론 동화의 유명세에 비하면 동상이 작은 편이기는 하지만 크기가 전부는 아니지 않은가.

잘 알려진 디즈니의 애니메이션 〈인어 공주〉가 해피엔드라 그런지 본래 인어 공주 이야기가 비극이라는 사실을 잊어버리는 경우가 많다. 안데르센은 인간의 모습을 한 물의 정령 운디네Undin를 모티브로 동화《인어 공주》를 썼다고 전해진다. 운디네는 인간

코펜하겐에서 가장 많은 사람들이 찾는 작은 인어상. 유명세만큼 수난도 많이 겪는다.

과 사랑에 빠져 결혼을 하면 영혼을 얻을 수 있다. 하지만 인간이 물가에서 운디네를 욕하면 물의 세계로 돌아가 다시는 육지로 나올 수 없다. 바다 옆 바위 위에 다소곳이 앉아 있는 인어의 모습을 보니 왕자를 구한 인어 공주가 몰래 숨어서 쓸쓸하게 그 뒷모습을 바라보는 장면이 떠오른다. 작은 인어상은 유명세가 대단한 만큼 수차례 파손되는 수난을 겪었다. 보기만 해도 가슴이 짠해지는 동상을 함부로 괴롭히지 않았으면 좋겠다. 예쁘지 않다거나 허무하다며 악평을 하는 것도 조심했으면 한다. 인어 공주가 운디네처럼 또는 안데르센의 동화처럼 영원히 인간이 되지 못하고 물의 세계에 남게 될 수도 있으니 말이다.

작은 인어상과 가까운 곳에 게피온Gefion 분수가 있다. 채찍을 들고 황소 4마리를 몰고 가는 여신 게피온의 당당한 모습이 조각되어 있다. 이 분수에 담겨 있는 북유럽 신화 이야기는 다음과 같다. 어느 날, 스웨덴의 길피Gylfe왕이 재미있는 신들의 이야기를 들려준 늙은 여인에게 보답으로 땅을 주고 하루 동안 황소 4마리로 경작할 수 있게 해주기로 약속했다. 이 늙은 여인은 사실 게피온 여신이었다. 게피온에게는 네 명의 아들이 있었는데, 모두 황소로 변해 있었다. 게피온은 쟁기를 잡고 황소를 몰아 땅을 갈았다. 힘이 장사인 네 아들 황소는 땅을 아주 깊게 팠고, 하루 만에 거대한 땅을 덩어리째 파내버렸다. 게피온은 그 땅덩어리를 바다 한가운데에 내려놓았다. 그 땅이 현재 코펜하겐이 있는 셸란Sjælland섬이 되었고, 땅을 파낸 자리는 스웨덴의 베네른 호수가 되었다고 전해

북유럽 신화 속 한 장면을 생생하게 표현한 게피온 분수

진다. 실제로 셸란섬과 베네른 호수는 모양이 비슷하다. 19세기 초까지 전쟁을 했던 역사가 있는 덴마크와 스웨덴은 지금까지도 서로 은근한 경쟁의식을 가지고 있다. 아무리 신화일지라도 덴마크의 일부가 스웨덴 땅이었다는 설은 덴마크인 입장에선 그다지 반갑지 않을 듯했다. 덴마크인 친구에게 물어보니 역시나 그저 여러 가지 설 중 하나일 뿐이라며 아무도 믿지 않는다고 말했다. 어쨌든 게피온 분수는 매우 웅장하고 역동적이었다.

작은 인어상과 게피온 분수는 1900년 초에 맥주 회사인 칼스버그 사가 의뢰하여 제작한 뒤 코펜하겐에 기증한 것이다. 칼스버그 사는 1847년에 야콥 야콥센이 설립했고, 아들 칼Carl의 이름에 언덕이라는 뜻의 'berg'를 합쳐 이름을 붙였다. 칼스버그는 1904년부터 덴마크 왕실에 맥주를 제공하면서 공식적인 덴마크 대표 맥주로 인정받았다. 상표에 왕관 문양을 넣을 수 있는 자격을 부여받은 것이다. 왕실에서 인증하는 맥주인 만큼 칼스버그 사는 예술, 과학, 건축 분야에 후원을 아끼지 않으며 사회적 책임을 다하고 있다. '아마도 세계에서 최고인 맥주probably the best beer in the world'라는, 적당히 겸손하면서 자신감 있는 광고 카피만 보아도 칼스버그 사의 자부심이 느껴진다.

코펜하겐은 자전거와 디자인의 도시다

△△△

너무 많이 돌아다닌 탓에 다음 장소까지 걸어갈 엄두가 나지 않았다. 그런데 무슨 일인지 시간이 되어도 버스가 오지 않았다. 대신 자전거만 휙휙 지나갔다. 코펜하겐 여행 내내 자동차는 보기 힘들었는데, 대신 자전거가 정말 많았다. 나도 차라리 자전거를 대여할걸 그랬다는 생각이 들었다. 하지만 코펜하겐에서는 규정을 제대로 알지 못한 채 자전거를 타면 안 된다. 다른 북유럽 도시에서도 자전거를 많이 이용하지만 코펜하겐의 자전거 사랑을 따라올 곳이 없다. 사실 코펜하겐뿐만 아니라 덴마크 전체가 자전거 천국이다. 지하철을 탈 때도 자전거를 들고 역으로 내려오는 사람들이 많고, 지하철 칸 중에서 자전거 칸이 제일 크다. 자전거전용도로는 말할 것도 없고 자전거용 신호등도 따로 마련되어 있다. 자전거가 대중교통 수단으로 완벽하게 자리 잡은 것이다. 워낙 자전거를 타는 사람들이 많다 보니 자전거전용도로가 막히기도 한다. 자전거 교통체증 지점을 알려주는 자전거 교통 상황판이 마련되어 있을 정도다. 1970년 이후 꾸준히 증가한 코펜하겐의 자전거 통행량은 2000년 후반 급격히 늘어났으며, 2016년에 처음으로 도심 내 자전거 통행량이 자동차를 넘어섰다. 이에 코펜하겐은 '자전거전용도로 우선 계획 2017-2025'을 발표하여 2025년까지 코펜하겐 시민의 절반이 통근 및 통학 수단으로 자전거를 이용하게 만들겠다는 목표를 세웠다.

결국 우리는 걸어서 덴마크 국립미술관 SMKStatens Museum for Kunst에 도착했다. SMK는 덴마크가 입헌군주제를 채택하면서 크리스티안 4세, 프레데리크 5세 등의 소장품을 전시하기 위해 세워졌다. 1896년 처음 지어진 건물에 현대적 건물을 증축하여 지금의 모습이 되었다. 박물관에 들어서자마자 건너편에 푸르른 공원이 보여서 관람하기 전에 뒤쪽 건물을 먼저 둘러보았다. 탁 트인 건물 안에서 사람들이 조각품을 세워두고 둘러앉아 그림을 그리고 있었다. 그들을 너무나 행복해 보였다. 나이가 지긋해 보이는 이들도 많았는데 그림에 대한 애정이 절로 느껴졌다. 건물도 아름답지만 그 안의 사람들이 더 멋있어 보여서 한참을 머무르며 그들을 바라보았다. SMK에는 덴마크 왕들이 수집한 14~18세기 유럽의 작품들이 전시되어 있다. 소장품 중에서는 강렬한 색채를 사용한 것이 특징인 20세기 초의 프랑스 야수파 화가 앙리 마티스Henri Matisse와

덴마크 국립미술관에 모여 그림을 그리는 사람들

앙드레 드랭André Derain의 작품이 유명하다. 하지만 무엇보다 유럽의 다른 미술관에서 보기 힘든 북유럽 작가들의 그림을 많이 볼 수 있다는 데 의미가 있다. 안데르센과 키르케고르가 살았던 19세기 초를 '덴마크 예술의 황금기'라고 부른다. SMK에는 이 시기를 포함해 1750~1900년에 걸쳐 덴마크에서 창작된 작품들이 다수 전시되어 있다. 옛 필름 영화 같은 느낌의 크리스텐 쾨브케Christen Købke, 덴마크의 풍경을 담은 페테르 스코고르Peter Skovgaard, 공허하면서 신비감이 도는 빌헬름 하메르스회Vilhelm hammershøi의 작품들이 좋았다.

개인적으로 북유럽 디자인 중에서도 덴마크 디자인을 제일 좋아한다. 정확히 어떤 차이가 있다고 콕 집어 말하긴 어렵지만 인

덴마크 디자인 박물관의 의자 전시관

테리어 소품이나 액세서리를 고를 때면 덴마크 디자이너의 것을 선택하는 경우가 많다. 덴마크 디자인 박물관Designmuseum Denmark에서는 덴마크 디자인의 변천사를 볼 수 있었다. 특히 의자 전시관이 인상 깊었다. 살아 숨 쉬는 덴마크 디자인을 보기 좋은 곳으로는 스트뢰에Strøget가 있다.

스트뢰에는 '걷다'라는 의미로, 시청 광장에서 콩겐스 뉘토르까지 이어지는 보행자 거리다. 수많은 북유럽 브랜드들이 한데 모여 있어 항상 사람들로 붐빈다. 바닥의 문양이 예뻐서 걷는 것만으로도 즐겁다. 그중에서도 내가 꼭 들르는 매장은 로열 코펜하겐과 일룸스 볼리후스, 기오 옌센, 헤이다. 각 매장은 황새 분수가 있는 광장 주변에 있어 찾기 쉽다. 황새 분수는 프레데리크 8세Frederik VIII와 스웨덴 공주 루이즈Louise의 결혼 25주년 은혼식을 기념하여 만들어졌다. 스트뢰에의 여러 건물 중 1775년부터 이어져온 덴마크 왕실 수공예 도자기 로열 코펜하겐의 건물이 가장 고풍스럽다. 왕립 회사였던 로열 코펜하겐은 1868년 민영화되었고, 현재 핀란드의 생활용품 회사인 피스카스 사가 소유하고 있다. 어쩐지 덴마크 전통의 의미를 조금 상실한 듯하지만 섬세한 도자기 위의 파란 무늬는 여전히 아름답다. 바로 옆에는 명품 주얼리 브랜드인 기오 옌센의 건물이 있다. 영어로는 조지 젠슨이라고 부르기도 한다. 액세서리 외에 주방용품도 판매하는데, 북유럽의 고급 레스토랑에서 이곳의 제품을 많이 볼 수 있다. 북유럽 디자인 백화점이라 해도 손색이 없는 일룸스 볼리후스에서는 유명한 북유럽 제품을 전부 만날 수 있다. 구경하다 보면 정말 시간 가는 줄 모른다. 북유럽 특유의 분위기가 고스란히 배어 있는 가구와 인테리어 제품을 전시하고 판매하는 헤이에도 빼놓지 않고 들른다. 로열 코펜하겐 접시에 음식을 담고 헤이 식탁에서 기오 옌센의 커트러리로 식사를 하는 모습을 떠올리기만 해도 기분이 좋아진다.

완벽하게 조화로운 루이지애나 현대미술관

△△△

처음 루이지애나 현대미술관Louisiana Museum of Modern Art을 방문했을 때 느낀 벅찬 감동을 잊을 수가 없다. 나는 여행을 다닐 때 미술관에 빠짐없이 가는 편이다. 지금 누군가 나에게 그동안 방문했던 미술관 중에서 가장 좋았던 곳을 꼽으라고 한다면 주저 없이 루이지애나 현대미술관이라고 답할 것이다. 2015년에 처음으로 코펜하겐을 여행하다 방문했을 때 이곳에 언제 다시 와볼 수 있을까 하는 아쉬움에 폐장 시간이 다 되도록 떠나지 못했었다. 3년 후 코펜하겐을 다시 찾을 기회가 생겼고, 나는 루이지애나 현대미술관에 갈 수 있다는 생각만으로도 무척이나 들떴다. 루이지애나 현대미술관은 코펜하겐 시내에서 북쪽으로 30분 정도 걸리는 작은 도시 훔레백Humlebæk에 있다. 거리는 좀 떨어져 있지만 1순위로 여행 계획에 포함시켰다. 루이지애나 현대미술관은 1958년 크누드 옌센Knud Jensen에 의해 문을 열었다. 원래 저택이었던 건물을 크누드 옌센이 구입해 미술관으로 만들었다. 건물의 전 주인이 평생 세 번 결혼을 했는데, 부인들의 이름이 모두 '루이즈'였다고 한다. 그래서 저택을 '루이지애나'라고 불렀다. 크누드 옌센은 미술관의 과거를 존중한다는 의미에서 저택의 본래 이름을 미술관의 이름으로 사용했다. 아무리 그래도 세계 최고 수준의 미술관인데 작명에 좀 더 공을 들였어야 했던 것은 아닌가 싶다.

울창한 나무들 사이로 미술관 입구가 보였다. '여기가 미술관 맞나?'하는 생각이 들 정도로 작다. 건물로 들어가서 잔디가 깔린 작은 마당을 지나자 광활한 바다가 모습을 드러냈다. 그 다음부터는 눈에 보이는 모든 것이 작품이었다. 헨리 무어Henry Moore의 〈기댄 인물 NO. 5〉 조각상 아래에 앉아 외레순드 해협을 바라보았다. 시원한 바닷바람이 불어오는 가운데 아이들은 뒹굴면서 언덕을 오르락내리락했다. 본격적인 작품 감상을 시작하기도 전에 이곳에 완전히 빠져버렸다. 알렉산더 칼더Alexander Calder의 조형물이 손짓하는 카페의 테라스로 자리를 옮겼다. 바다와는 적당히 멀었고, 작품과는 적당히 가까웠다. 지금 이 공간 안에 내가 있다는 것에 가슴이 두근거리고 황홀했다.

미술관 건물은 자연과 어우러져 있어 눈에 잘 띄지 않았다. 전시 방향을 생각하지 않고 그냥 걸었다. 길목 하나하나를 모두 놓칠 수 없을 정도로 볼거리가 많았다. 로댕 이후 가장 주목받는 조각가인 알베르토 자코메티Alberto Giacometti의 작품들이 전시된 공간도 있다. 입구에서는 앙상한 사람 모양의 조각상 5개가 관람객을 맞이했는데, 첫인상부터 아주 강렬했다. 가장 유명한 작품인 〈걷는 남자〉는 통유리로 된 전시실 안에서 자연을 마주하고 있었다. 조각상은 길고 가느다랗지만 올곧은 자세에서 단단함이 느껴졌다. 단단한 걸음걸이로 아름다운 자연을 향해 나아가는 모습이 공간과 어우러져 카리스마를 발산했다.

루이지애나 현대미술관에서는 자연과 작품이 완벽하게 조화를 이룬다. 복도인지 전시관인지 공간의 성격이 애매하지만 굳이 구분할 필요가 없었다. 전체가 유리로 된 벽 너머 풀숲 곳곳에는 조각품들이 숨어 있다. 또한 이 미술관의 아이들을 위한 공간 'Children's wing'은 거대한 스튜디오처럼 꾸며져 있었다. 항상 아이들과 여행을 하다 보니 나는 아이들을 위한 공간이 잘 되어 있

자연 속에 어우러져 있는 예술 작품과 사람들

알베르토 자코메티의 〈걷는 남자〉가 있는 전시실

는 곳을 발견하면 반갑고 기쁘다. 이렇게 넓고 쾌적한 공간에서 다채로운 활동을 할 수 있는 미술관은 처음 보았다. 스튜디오가 건물 밖 호수와 연결되어 있어서 건물 안에서 보았던 작품들을 보다 가까이에서 볼 수도 있었다.

미술관은 기존의 건물을 최대한 보존하되 주변 환경에 가장 어울리는 최적의 모습으로 재탄생되었다. 아무리 유명한 작품이라 할지라도 자신만 보라는 듯 홀로 두드러지지 않았다. 신선하고 유능한 작가의 작품을 곳곳에서 발견하는 즐거움도 있다. 크누드 옌센은 루이지애나 현대미술관의 전시 방식을 '사우나 원리'라고 표현했다. 전시를 차가운 것과 뜨거운 것으로 구분했기 때문이다. 뜨거운 전시는 잘 알려져 있는 모던 클래식 작품들로, 차가운 전시는 다소 생소한 현대미술 작품으로 구성된다. 이 단순한 원리를 통해 사람들은 동시에 두 가지 경험을 할 수 있다. 루이지애나 현대미술관에서는 미술, 건축, 사진, 영화 등 현대 예술의 다양한 영역을 폭넓게 다루며, 이들이 서로 잘 어우러져 하나의 공간을 완성한다. 많은 미술관들에 다녀왔지만 건물이 멋지면 전시가 별로였고 전시가 좋으면 건물이 밋밋해 모든 것을 충족시켜주는 곳이 없었다. 하지만 이곳은 작품, 전시, 자연, 건물, 활동, 휴식 등 무엇 하나 빠지는 것이 없었다. 그야말로 완벽한 미술관이었다. 실제로 여러 예술가들이 자신의 작품을 전시하기에 루이지애나 현대미술관보다 나은 곳은 상상할 수 없다고 종종 말하고는 한다. 하루 종일 머물러도 부족하고 떠나기 아쉬운 미술관을 덴마크에서 만났다.

이곳은 작품, 전시, 자연, 건물, 활동, 휴식 등
무엇 하나 빠지는 것이 없었다.
그야말로 완벽한 미술관이었다.

어디선가 햄릿이 나타날 듯한 크론보르 성

2018년, 코펜하겐을 두 번째로 찾았을 때는 날씨가 흐리고 비가 내렸다. 공항에 도착하자마자 기차를 타고 헬싱외르Helsingør로 향했다. 50분 정도 지나 북쪽의 마지막 역인 헬싱외르역에 도착했다. 기차역 밖으로 나오니 정면에 아름다운 크론보르 성Kronborg Slot이 보였다. 크론보르 성은 영국의 세계적인 극작가 윌리엄 셰익스피어William Shakespeare가 대표작《햄릿》의 배경으로 삼은 곳이다. 햄릿의 원제목은 '덴마크 왕자 햄릿의 비극The Tragedy of Hamlet, Prince of Denmark'이며, 작품 속 햄릿의 성 엘시노어Elsinore가 바로 크론보르 성이다. '엘시노어'는 헬싱외르의 영어식 표기이기도 하다.

셰익스피어가《햄릿》의 배경을 덴마크로 정한 이유로는 여러 가지 설이 있다. 그중 하나는 작품의 시대적 배경인 초기 중세 시대에 덴마크가 북유럽뿐만 아니라 영국 영토의 일부까지 지배했던 강대국이었기 때문이라는 것이다. 덴마크 역사가가 기록한 스칸디나비아의 전설 속 아믈레스Amleth 이야기에서 영감을 얻었기 때문이라고 전해지기도 한다. 셰익스피어가 직접 이 성을 방문한 적이 있는지는 확인되지 않았다. 영국 배우들이 공연을 위해 크론보르 성에 오랜 기간 머물렀었는데, 그들이 돌아가서 셰익스피어에게 성에 대해 자세히 알려주었을 가능성이 가장 높다고 여겨진다. 셰익스피어는 1600년 경《햄릿》을 썼다. 바다 끝에 매달려 구름 가득한 하늘을 이고 있는 크론보르 성은 햄릿의 독백이 울리기에 너

희곡《햄릿》의 배경이 된 크론보르 성

무나 알맞은 배경이다. 성을 보고 있자니 신과 왕의 결정에 따라야 하는 시대를 넘어 스스로 존재에 대해 고민해야 하는 현실을 대변하는 명대사가 귓가에 울리는 듯했다. "사느냐, 죽느냐, 그것이 문제로다 To be, or not to be: that is the question."

햄릿의 발자취를 따라 망루, 여왕의 방, 예배당 등 크론보르 성 내부를 둘러본 뒤 전망을 보기 위해 대포 탑 Cannon Tower에 올랐다. 다리가 아플 때쯤 탑 꼭대기에 닿았다. 다행히 날이 개어 파란 하늘에 눈이 부셨다. 헬싱외르 시내가 한눈에 들어오고 외레순드 해협 건너편의 스웨덴까지 꽤 선명하게 보였다. 지명도 비슷한 스웨덴 헬싱보리 Helsingborg까지는 불과 4km 거리밖에 되지 않아 배로 20분이면 갈 수 있다. 크론보르 성은 《햄릿》으로 유명하지만 역사적으로도 의미가 깊다. 이 일대는 외레순드 해협을 지나는 선박들의 통행세를 받던 군사적 요충지였다. 1523년 칼마르동맹이 해체된 후 덴마크와 스웨덴은 크고 작은 전쟁을 지속하며 긴장 상태에 있었다. 스웨덴을 마주하고 있는 헬싱외르가 전략적으로 중요한 곳이었음은 말할 것도 없다. 1585년 프레데리크 2세Frederick II는 1420년 이후 크로겐 성Krogen Slot이 있던 자리에 크론보르 성을 새로이 세웠다. 강력한 왕권을 보여주기 위해 웅장하고 화려한 성을 지으면서 전쟁을 대비한 지하 통로도 함께 만들었다. 1660년에 스웨덴에 성이 함락되고 난 뒤에는 방어 기능을 강화하고 군사 시설로 이용하기도 했다. 크론보르 성은 2000년에 유네스코 세계문화유산으로 지정되었다.

> 홀거 단스케는 잠을 잘 때 꿈을 통해 덴마크에서 무슨 일이 일어나는지 모두 볼 수 있어. 해마다 크리스마스이브가 돌아오면 하느님이 보낸 천사가 그에게 덴마크는 안전하다고 전해준단다. 그날만이라도 마음 편히 자라고 말이지. 하지만 덴마크에 위기가 닥치면 홀거 단스케는 언제든 잠에서 깨어나 칼을 들고 용맹하게 나설 거야.
>
> – 한스 안데르센의 동화 《홀거 단스케》 중에서

크론보르 성의 지하 통로 안에는 홀거 단스케Holger Danske의 조각상이 있다. 그 모습이 궁금하던 차, 시간이 맞아 성에서 운영하는 가이드 투어에 참여할 수 있었다. 다른 관광객들과 단체로 지하 통로로 들어갔는데 어찌나 음침하던지 혼자였다면 그냥 돌아 나왔을 것 같았다. 재미있게 설명해주는 가이드 덕분에 두려움은 덜었지만 통로 안은 한기가 돌고 매우 어두웠다. 먼 옛날 전쟁이 벌어졌을 때 이 통로가 있어 수많은 병사들과 말들이 수개월이 넘도록 숨어 지내며 목숨을 구할 수 있었다고 한다. 지하 통로 입구에는 덴마크가 위기에 처하면 깨어나 구해준다는 홀거 단스케가 팔짱을 낀 채 잠들어 있었다.

외국인들이 《햄릿》을 떠올리며 크론보르 성을 찾는다면, 덴마크 사람들은 홀거 단스케를 보러 온다. 홀거 단스케는 덴마크 바이킹 시대의 전설적인 영웅이다. 기록이 남아 있지 않아 실존 인물인지 신화 속 인물인지 명확하지 않으나 오늘날까지 덴마크 명장의 상징으로 여겨진다. 사람들의 상상 속에만 머물던 홀거 단스케를 현실 세계로 불러낸 것은 안데르센이었다. 안데르센은 홀거 단스케가 여전히 크론보르 성 지하에 잠들어 있으며, 덴마크가 위험해지면 나타나 나라를 지켜줄 것이라고 생각했고, 이를 바탕으로 1846년 동화 《홀거 단스케》를 썼다. 그 후 홀거 단스케는 실제로 크론보르 성에 자리를 잡게 되었다. 1907년 홀거 단스케의 청동 조각상을 만들었고, 조각의 원형인 석고상을 크론보르 성 지하에 보관했다. 그런데 습기로 인해 석고상이 파손되어 1985년에 콘크리트로 다시 제작해야 했다. 덴마크의 수호신과도 같은 홀거 단스케는 지금 이 순간에도 평화가 유지되기를 바라며 깊은 잠을 자고 있다.

레고랜드에서 동심을 찾다,

빌룬트

코펜하겐에서 오덴세를 지나 차로 3시간 정도 달려 레고의 도시 빌룬트에 도착했다. 빌룬트에는 조립식 블록 장난감을 만드는 레고 사의 본사가 있다. 이 세계적인 기업 덕분에 빌룬트는 국제공항이 들어설 만큼 성장할 수 있었다. 레고는 덴마크의 목수 올레 크리스티안센Ole Christiansen이 나무 장난감을 만든 것에서 출발했다. 1934년에 '잘 놀다'라는 의미의 덴마크어 '레그 고트leg godt'를 줄여 레고라고 이름 붙였다. 그런데 목각 완구는 불에 취약해 공장이 여러 번 화재를 겪었다. 이후 플라스틱 완구를 개발하여 레고 블록 기술을 완성했다. 2018년부터는 일부 제품을 식물성 소재로 제작하기 시작했고, 2030년까지 레고의 모든 제품을 친환경 제품으로 바꾸겠다고 밝히기도 했다. 오늘날 레고는 전 세계 아이들에게 사랑받는 블록 장난감이 되었다. 영국, 미국, 독일, 아랍에미리트 등에도 레고랜드가 있지만 빌룬트에 있는 것이 최초의 레고랜드다. 1968년 본사 옆에 레고 전시 공간을 계획했던 것이 테마파크로 발전했다.

꿈과 상상을 조립할 수 있는 마법의 공간

어린 시절 나는 레고를 많이 가지고 놀지 않았다. 비싸기도 했고 노란 얼굴의 레고 캐릭터가 매력적이지 않았다. 지금도 가격이 적당하다고 생각하진 않지만 아이들이 좋아하는 탓에 여러 종류를 구입했다. 그런데 요즘에는 시리즈가 매우 다양해서 사는 재미가 있었고, 찬찬히 볼수록 만든 이들의 창의력과 정교함에 감탄하게 되었다. 그래서 아이들보다도 내가 더 레고에 빠져들었다. 아이들과 함께 레고를 조립하며 노는 시간이 너무 즐거웠다. 그런 레고로 가득한 테마파크에 간다는 생각에 우리 가족은 한껏 기대에 부풀었다. 레고랜드에서 환상적인 시간을 보내기로 마음먹고 레고 프렌즈 시리즈로 꾸며진 레고 호텔도 예약했다. 호텔에 도착해 로비에 들어서자 여기저기에 놓여 있는 수많은 레고 피규어들이 보였다. 전시되어 있는 피규어를 하나하나 구경하느라 객실로 올라가기까지 시간이 제법 걸렸다.

레고랜드에 입장하는 순간 눈앞에 유럽의 유명 도시들을 재현해놓은 미니랜드가 펼쳐졌다. 각 도시의 특징을 포착해서 레고로 구현해냈다는 것이 놀라웠다. 하지만 그보다 도시 모형 안에 숨

레고로 만든 미니어처 도시들이 모여 있는 미니랜드

어 있는 레고 사람을 찾는 것이 더 재미있었다. 듀플로밸리에는 놀이터가 마련되어 있었고 각종 놀이기구들도 있어 재미난 시간을 보냈다. 놀이기구를 타기 위해 줄을 서서 기다리는 동안에도 지루할 틈이 없었다. 중간중간에 레고 박스가 비치되어 언제든 레고를 조립할 수 있었고, 주변의 레고 모형과 장식을 보는 것만으로도 신이 났다. 평소에 우리는 '귀신의 집' 같은 공포 체험은 절대 하지 않는데, 레고랜드의 경우 귀신의 집에 있는 귀신마저 레고로 만들어서 무척 귀여웠다. 물놀이를 할 수 있는 놀이터 옆에는 대형 드라이어가 설치되어 있어 아이들이 물에 젖어도 괜찮았다. 이틀 동안 즐길 수 있는 입장권을 구매했기 때문에 여유롭게 레고랜드를 둘러볼 수 있었다. 이틀을 꼬박 놀았음에도 아이들은 아쉬워하며 레고랜드를 쉽게 떠나지 못했다. 결국 레고를 한 상자씩 안겨준 뒤에야 다음 여행지로 향할 수 있었다.

레고 사는 2017년 연말 결산보고서를 발표하면서 13년 만에 매출이 감소했다고 밝혔다. 여러 가지 원인들이 언급되었지만 그중에서도 스마트폰 이용률의 급증과 비디오게임 시장의 확대가 레고 소비의 감소에 가장 큰 영향을 끼쳤다고 한다. 장난감을 가지고 노는 아이들이 줄어들었기 때문이다. 러닝머신 위에 레고 조각을 잔뜩 올려놓고 달리는 모습을 찍은 영상을 본 적이 있다. 영상의 제목은 '부모가 되기 위한 길'이었다. 이 영상을 보고 나는 한참을 웃었다. 레고 조각을 한 번이라도 밟아본 사람이라면 모두 공감할 영상이었다. 못으로 발바닥을 찌르는 듯한 그 고통! 그래도 아이들이 스마트폰을 만지작거리는 것보다는 바닥에 레고 조각이 좀 흩어져 있는 편이 더 낫다. 우리 아이들이 그 작은 손을 꼬물거리며 레고를 조립하면서 무한한 상상력을 키우길 바란다.

레고랜드 이용 팁

레고랜드 홈페이지에서 레고랜드 2일 입장권과 레고 호텔 숙박권이 포함된 패키지를 구매할 수 있다. 가격이 저렴하지 않고 레고랜드에서 노느라 호텔에 머무는 시간은 짧기 때문에 차량이 있다면 주변 숙소에 머무는 것도 고려해볼 만하다. 일종의 우선 이용권인 큐봇(Q-bot)을 구입하면 줄을 서지 않고도 인기 있는 놀이기구들을 탈 수 있다. 신나게 놀다 보면 식사를 챙기지 못할 수도 있는데, 폐장 직전에는 식사 제공이 안 되는 곳도 많으니 적당한 시간에 저녁을 먹는 것이 좋다. 레고랜드 옆에는 워터파크 라란디아도 있다.

3장

노르웨이

NORWAY

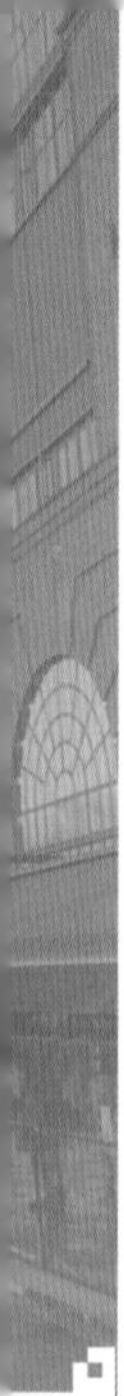

도전을 거듭하며 새로워지는

오슬로

북유럽의 역사는 바이킹에서 시작된다. 바이킹은 본래 덴마크, 스웨덴, 노르웨이에서 살던 사람들로, 인구는 늘어나는데 척박한 북유럽 땅에서는 식량 공급이 원활하지 않자 주변 지역으로 향하게 되었다. 이들은 배를 타고 유럽 전역을 다니며 약탈과 교역을 통해 세력을 확장했다. 덴마크계 바이킹은 영국 동남부와 서유럽 내륙을 중심으로 활동했고, 스웨덴계 바이킹은 동유럽과 러시아를 거쳐 동방 항로를 개척하며 약탈보다는 무역에 집중했다. 노르웨이계 바이킹은 인구가 많지 않고 방어가 허술한 지역에 접근해 영국 북동부와 아이슬란드, 그린란드를 거쳐 북아메리카 대륙까지 진출했다. '노르웨이Norway'라는 국명도 바이킹 시대에 '북쪽 항로'를 주로 이용한 것에서 유래되었다. 바이킹 시대는 800년부터 1050년까지 이어졌으며 당시 바이킹은 강력한 세력으로 부상하며 유럽 전역을 무대로 활동했다.

노르웨이의 수도 오슬로는 내게 그다지 익숙한 도시가 아니었다. 잘 알려진 곳이 아니어서 피오르fjord를 보러 가는 도중에 잠깐 들르는 도시 정도로 여겼다. 북유럽 수도들은 다 엇비슷할 것이라 지레짐작하고는 오슬로 여행을 크게 기대하지 않았다. 그런데 오슬로에 직접 가보니 너무나 좋았다. 그곳을 처음 여행하고 돌아온 지 두 달 만에 다시 찾아갈 만큼 굉장한 여행지였다.

바이킹 박물관에서 북유럽의 뿌리를 찾다

오슬로의 유명 관광지인 비그되이Bygdøy 지구는 여러 박물관들이 모여 있어 '비그되이 박물관 지구'라고도 부른다. 우리는 이곳에 있는 바이킹 박물관Vikingskipshuset에서 오슬로 여행을 시작했다. 오슬로의 면적이 그리 넓지 않다는 말에 금방 도착할 줄 알았는데, 중앙역에서 비그되이 지구까지는 버스로 30분 가까이 걸렸다. 웅장한 배를 타고 용맹하게 바다를 가르던 바이킹을 상상하며 박물관 안으로 들어갔다. 그런데 바이킹 박물관의 첫인상은 상당히 초라했다. 바이킹 박물관에는 820~900년경에 제작된 바이킹의 배 3척이 전시되어 있다. 약탈자 바이킹이 타고 다녔으니 거대할 것이라 예상했는데 생각보다 작았다. 이탈리아 베네치아에서 뱃사공이 노를 저으며 노래를 불러주는 유람용 곤돌라의 조금 큰 버전 같다는 인상도 받았다. 하지만 이 배가 1,200년 전에 만들어진 것이라는 것을 떠올리면 바이킹의 뛰어난 조선 기술에 놀라게 된다. 게다가 이 배가 오랜 시간 땅속에 묻혀 있었다는 것을 알면 그 보존 상태에 다시 한번 놀랄 수밖에 없다.

이 배는 바이킹들의 관으로 사용되던 것이다. 바이킹들은 죽은 사람의 영혼이 배를 타고 다음 세계로 간다고 믿었다. 그래서 배에 시신과 다음 생에 필요한 물건을 싣고 땅에 묻었다. 남성 전사의 배에는 무기와 전투복, 말 등을, 부유한 여성의 배에는 옷과 액세서리, 가구 등을 실었다. 박물관의 중심부에 있는 오세베르그Oseberg호에는 왕족이나 귀족으로 추정되는 여성 2명이 묻혀 있었

바이킹 박물관에 전시되어 있는 오세베르그호

다. 이들과 함께 썰매, 손수레, 공예품뿐만 아니라 말이나 소, 개 등 가축 수십 마리의 뼈가 출토되었다. 이 배의 주인들이 생전에 강력한 영향력을 가졌었다는 것을 알 수 있다. 오세베르그호는 본래 모습의 95% 정도 복원되어 전시된 배 중 가장 상태가 좋았다. 배의 꼬리 부분은 만화에 나오는 바이킹의 수염처럼 정교하고 높게 말려 올라가 우아한 자태를 뽐낸다. 바이킹의 장례 방식은 부족이나 시대에 따라 조금씩 달라졌다.

바이킹은 서유럽 지역이 국가 분할 상태로 국방이 허술했던 9세기에 가장 왕성한 활동을 할 수 있었다. 그동안 바이킹은 침략자로서의 이미지가 강했으나 최근 들어 도전과 모험 정신, 독립성, 개방성을 갖춘 이들로 인식이 바뀌고 있다. 바이킹을 가리켜 '숲에 살면서 춤과 노래를 즐기고 장수하는 유쾌한 민족'이라고 표현한 기록도 있다. 서유럽 일대에 강력한 군사력을 지닌 국가들이 연이어 출현하면서 화려했던 바이킹의 시대는 막을 내렸다.

노르웨이의 도전 정신을 상징하는 프람호

바이킹의 정신을 그대로 물려받은 듯한 2명의 노르웨이인이 있다. 프리드쇼프 난센Fridtjof Nansen과 로알 아문센Roald Amundsen이다. 해양 동물학자이자 극지 탐험가인 난센은 1888년 5명의 탐험대원을 이끌고 세계 최초로 그린란드 횡단에 성공했다. 북극점 정복을 하기 위해 노르웨이 국회의 동의를 얻어 북극 항해선 프람Fram호를 만들고 탐험 비용도 지원받았다. 1893년 6월 프람호를 타고 북극 탐험에 나선 난센과 탐험대는 1895년 3월에 북위 84도에 도착했다. 주변이 모두 얼음이라 더 이상 항해하기가 어려웠다. 난센은 대원 요한센과 함께 개썰매와 카약을 들고 배에서 내려 걷기 시작했다. 이들은 북위 86도까지 진출했으나 추위와 식량 부족 때문에 북극점 도달에 실패하고 말았다. 북극점에는 이르지 못했지만 난센은 인간이 도달할 수 있는 최북단에 닿았다는 신기록을 세우고 노르웨이의 영웅이 되었다. 이후 그는 북대서양, 북극해 및 시베리아의 탐험에도 참가하며 북극의 실상과 생태계를 알리는 데 크게 기여했다. 더불어 제1차 세계대전(1914~1918) 후의 포로 송환, 난민 구제 등에도 힘썼다. 국제연맹의 노르웨이 대표로 활동하며 평화 사업에 큰 공헌을 한 바를 인정받아 1922년 노벨 평화상을 수상했다.

극지 탐험가 로알 아문센도 난센의 뒤를 이어 북극점 정복을 꿈꿨다. 하지만 1909년 미국인 로버트 피어리Robert Peary가 북극점에 먼저 도달했다. 아문센은 남극점에 도달하는 것으로 목표를 변경하고 프람호를 넘겨받아 남극 탐험을 떠났다. 배로 진입할 수 없는 지점에 이르자 아문센 역시 배에서 내려 개썰매로 남극점을 향해 출발했다. 그로부터 55일이 지난 1911년 12월 14일, 아문센과 탐험대원 4명은 세계 최초로 남극점을 밟았다. 이어서 아문센은 이탈리아의 탐험가 움베르토 노빌레Umberto Nobile 등과 함께 비행선을 이용하여 북극점 상공을 통과하는 횡단 비행에도 성공했다. 1928년에 아문센은 노빌레 탐험대가 북극에서 실종되었다는 소식을 듣

북극 탐험의 선구자 난센(위)과 세계 최초로 남극점을 밟은 아문센. 두 사람의 도전으로 노르웨이는 북극과 남극을 모두 정복했다.

고 그들을 구조하기 위해 떠났다. 하지만 도중에 조난당하여 다시 돌아오지 못했다. 불행 중 다행으로 노빌레 탐험대는 스웨덴 공군에 의해 극적으로 구조되었다.

이로써 노르웨이는 남극과 북극을 모두 정복한 나라가 되었다. 그 역사적 현장에 사용된 선박 프람호가 프람 박물관Fram Museet에 전시되어 있다. 이 박물관은 비그되이 지구 중에서도 바다와 가장 가까운 곳에 지어졌다. 노르웨이어로 프람은 '전진', '앞으로'를 의미한다. 길이가 39m에 달하는 프람호는 독특하게도 항아리 모양이다. 빙하로 가득한 극지 탐험에 알맞게 설계된 것이다. 프람 박물관에 들어가서 먼저 10분짜리 영상을 시청했다. 영상을 보고 관람을 하면 보다 쉽게 이해할 수 있다. 오슬로에서는 다른 북유럽 도시에 비해 한국어를 자주 접할 수 있었는데, 프람 박물관에도 한국어 번역 표기가 잘 되어 있었다.

박물관 한가운데에 있는 프람호는 어찌나 튼튼하게 만들어졌는지 지금도 배 안에 들어가볼 수 있다. 이 오래된 선박 안에는 당

삼각형 모양의 외관이 독특한 프람 박물관

시 사람들이 긴 항해를 하며 사용했던 물건들이 고스란히 남아 있고 선실 풍경도 그대로 재현되어 있다.

프람호 자체도 중요한 의미가 있지만, 내게는 박물관 내 체험관이 더 크게 다가왔다. 극지방 탐험에는 단순히 긴 시간 배를 타고 이동하는 것 이상의 고통이 수반된다. 배에서 내려 마주해야 하는 추위와 어둠, 언제 깨질지 모르는 발아래의 빙하, 얼음 속에 갇힌 동물들 사체, 정체를 알 수 없는 스산한 소리 등 극한 상황이 탐험대를 기다린다. 프람 박물관에는 이러한 상황을 가상으로 체험할 수 있는 공간이 마련되어 있다. 실제 상황이 아니라는 것을 알면서도 체험관에 들어갈까 말까 한참을 망설였다. 얼음 위에서 탐험대원들이 가지고 다녔던 150kg짜리 썰매도 끌어봤다. 얼마나 무거운지 조금도 움직이질 않았다.

노르웨이의 극지 탐험을 이야기할 때는 아무래도 아문센이 주로 회자된다. 하지만 프람 박물관은 탐험의 역사를 만든 다른 이들의 이야기도 들려준다. 프람호를 만들고 북극 탐험의 길을 개척한 난센, 난센과 다른 대원들을 챙기며 빙하 위를 걸었던 요한센, 남극 탐험의 문을 연 영국의 탐험가 로버트 스콧 등이 그 이야기의 주인공들이다. 어찌 보면 무모하다고 할 수도 있는 이들의 도전이 모여서 인류가 한 걸음 더 나아갈 수 있었다.

비그되이 지구의 박물관들

비그되이 지구에는 노르웨이의 과거를 보여주는 박물관들이 모여 있다. 비그되이 지구를 제대로 둘러보고 싶다면 오슬로 패스를 구입하는 것이 경제적이다. 오슬로 패스를 이용하면 시내 30여 곳의 박물관과 미술관에 무료로 입장하거나 입장료를 할인받을 수 있다. 대중교통 이용권으로도 쓸 수 있어 유용하다. 오슬로 패스는 관광 안내소, 호텔, 박물관 등에서 쉽게 구매할 수 있다. 오슬로 패스가 있다면 시청 앞에서 비그되이 지구까지 가는 페리를 타면 더 좋다. 페리는 5~10월에만 운영된다. 비그되이 지구에 있는 주요 박물관으로는 바이킹 박물관, 프람 박물관, 노르웨이 민속박물관(Norsk Folkemuseum), 노르웨이 해양 박물관(Norsk Maritimt Museum), 콘티키 박물관(Kon-Tiki Museet) 등이 있다.

수난의 역사 속에서 도시를 지킨 아케르스후스 요새

△△△

사가Saga는 '이야기'라는 뜻으로, 북유럽 일대에서 오래전부터 전해져 내려오는 전설 같은 이야기들을 말한다. '전래동화'의 북유럽 버전이라고 할 수 있겠다. 노르웨이의 노르세 사가The Norse Sagas에 따르면 1050년경 바이킹의 왕 하랄 하르드로데Harald Hardråde가 오슬로에 도시를 건설했다고 한다. 북유럽에서 가장 오래된 수도인 오슬로는 굴곡의 역사를 지닌 도시다. 한자동맹 결성 이후 오슬로는 항구도시로서 크게 성장했다. 이에 1299년 호콘 5세Haakon V가 이곳을 수도로 지정했다. 그리고 수도 방어를 위해 아케르스후스 요새Akershus Festning와 성을 지었다. 탁월한 지리적 이점을 갖춘 덕분에 오슬로에서는 무역과 어업이 번성했다. 그런데 도시 내에 목조 건물이 많아 화재가 잦았다. 결국 1624년 대화재가 발생해 도시의 대부분이 파괴되었다. 노르웨이는 칼마르동맹이 해체된 뒤에도 1814년까지 덴마크의 통치를 받았기 때문에, 당시 덴마크의 왕이었던 크리스티안 4세가 오슬로 복구에 나섰다. 그는 아케르스후스 요새 근처로 도시의 중심을 옮기고 도시의 이름을 크리스티아니아Christiania로 바꿨다.

오슬로에 남아 있는 가장 오래된 건축물인 아케르스후스 요새는 수차례 포위당하고 공격받았으나 굳건하게 버텨냈다. 나는 딱딱하고 투박한 군사 시설을 상상하며 아케르스후스 요새를 찾아갔다. 성벽을 따라 걸어서 요새 안으로 들어가자마자 내 예상이 완전히 빗나갔음을 알 수 있었다. 그곳은 석양이 은은하게 비추는 느긋하고 한적한 공원이었다. 요새가 바다 옆에 있어서 노르웨이의 멋진 해안과 오슬로의 도시 전경이 한눈에 들어왔다. 언덕에 앉아 따뜻한 햇살을 받으며 시원하게 불어오는 북유럽의 여름 바람을 즐겼다. 그 순간에는 이 도시가 어떤 아픈 역사를 품고 있는지는 떠올릴 생각조차 할 수 없었다. 눈부시게 아름다운 오슬로가 나의 시야를 가득 채웠기 때문이다.

노르웨이는 덴마크의 지배에서 벗어나기 위해 지속적으로 투쟁했으나 성공하지 못했다. 아케르스후스 요새 부근에서도 독립운동이 일어났지만 덴마크 군대에 의해 잔혹하게 진압되고 말았다. 그러던 중 프랑스가 유럽의 여러 나라들을 상대로 벌인 나폴레옹

아픈 역사의 흔적은 찾을 수 없을 만큼 평화로운 분위기의 아케르스후스 요새

전쟁(1797~1815)이 일어났다. 이 전쟁에서 프랑스 편에 섰던 덴마크는 나폴레옹의 패배와 더불어 스웨덴의 침공까지 받아 스웨덴에 노르웨이를 넘겨주게 되었다. 이 틈을 타 노르웨이는 1814년에 첫 정부를 구성하고 헌법을 제정하여 독립국가임을 선포했다. 그러나 이 시도는 끝내 좌절되어 스웨덴의 통치를 받게 되었다. 스웨덴은 합병에 대한 노르웨이의 불만과 독립 투쟁을 진압하기 위해 노르웨이를 공격하기도 했다. 이후 약 90년간 노르웨이는 스웨덴의 지배를 받았으며, 끊임없이 독립을 시도하고 협상했다. 그리고 1905년에 이르러 마침내 노르웨이는 독립을 이루었다. 양국 사이에 갈등은 있었지만 무력 충돌 없이 평화적으로 얻어낸 쾌거였다. 그로부터 20년이 흐른 후 크리스티아니아는 본래 이름을 되찾아 다시 오슬로가 되었다.

미술관보다 더 미술관 같은 오슬로 시청사 △△△

아케르스후스 요새에서 보이는 오슬로의 전경 속에는 숲과 어우러져 있는 오슬로 시청사Oslo Rådhus가 있다. 한 나라의 수도를 상징하는 건물치고 오슬로 시청사는 겉모습이 참 볼품없다. 어두운 갈색 건물이 거대한 벽돌을 세워둔 것 같아 경직되어 보인다. 오슬로 시청사를 '브라운 치즈'라는 별명으로도 부르는데, 브라운 치즈는 노르웨이의 대표적인 식품 중 하나다. 브라운 치즈는 약간 단맛이 나고 식감이 부드럽다. 그래서 나는 이 딱딱한 건물을 브라운 치즈에 비유하는 것에 썩 공감되지 않았다. 외관은 별로지만 오슬로 시청사 안에는 노르웨이의 역사와 문화가 가득 담겨 있다. 오슬로 시청사는 1950년에 오슬로 창립 900주년을 기념하여 문을 열었다. 수도에 새로운 시청사를 세우자는 이야기는 노르웨이가 독립을 이룬 직후부터 거론되었다. 이후 큰 진전이 없다가 1918년에 계획안이 마련되었는데, 자금 부족과 계획안 변동으로 인해 1931년이 되어서야 착공에 들어갔다. 하지만 이마저도 제2차 세계대전이 시작되면서 중단되었다.

노르웨이가 스웨덴으로부터 독립하고 몇 년 지나지 않은 1914년, 제1차 세계대전이 발발했다. 노르웨이를 비롯한 스칸디나비아 3개국은 즉각 중립을 선포했기 때문에 전쟁의 직접적 피해는 겪지 않았다. 그런데 1939년에 제2차 세계대전이 일어났다. 독일군

겉보기와는 달리 흥미로운 볼거리가 많은 오슬로 시청사

은 덴마크를 선제공격하고 노르웨이도 점령했다. 중립국이지만 군사적으로 중요한 위치에 있던 노르웨이는 연합국(미국, 영국, 소련, 프랑스 등)과 추축국(독일, 이탈리아, 일본 등) 모두의 침략 대상이었다. 독일군의 공격을 받은 노르웨이는 연합국 편에 섰다. 이에 노르웨이 정부와 왕실은 영국으로 탈출한 뒤 망명정부를 세웠다. 덴마크는 독일의 공격을 받은 후 재빨리 독일군 주둔과 군사 시설 사용을 허가하며 피해를 최소화했다. 반면 노르웨이에서는 독일과 대결 양상이 심하여 나치의 점령 기간 동안 거센 저항운동이 일었다. 노동계와 종교계의 반발에 이어 군사적 저항까지 일어나 수만 명이 집단 수용소 또는 감옥에 갇혔다. 목숨을 잃은 사람들도 많았다.

오슬로 시청사는 대규모 예술 작품들을 전시할 것을 염두에 두고 설계되었다. 예술을 통해 노르웨이가 겪어온 역사를 보여주고 노르웨이 사람들이 추구하는 가치를 표현하고자 했다. 우선 시청사 밖에는 다양한 분야의 노동자 동상들이 건물을 에워싸고 있다. 이는 노르웨이가 노동자 중심의 사회라는 것을 상징한다. 시청사 전면의 정중앙에는 백조상이 세워진 분수가 있다. 백조는 노르웨이의 국조다. 분수 주변 회랑에는 북유럽 신화에 등장하는 신들과 관련 이야기들을 부조로 조각해두었다. 북유럽 신화를 알고 조각을 구경하니 누군가 이야기를 들려주는 듯한 기분이 들었다. 한참 동안 회랑을 돌며 북유럽 신화를 머릿속에 그려보았다. 시청사 안으로 들어가면 홀이 나오는데, 사방의 벽이 초대형 프레스코화들로 채워져 있어 무척 화려하다. 들어서자마자 정면에 보이는 그림은 노르웨이가 꿈꾸는 이상적 사회의 모습을 표현한 것이다. 1910년대에 이르러 북유럽 전체에 노동운동이 확산되었다. 노르웨이는 제1차 세계대전 이후부터 복지국가 건설을 위한 정책들을 시행하며 공공사업을 확대하고 세율을 높였다. 한쪽 벽에는 노동자를 존중하고 모두가 평등하게 사회활동을 보장받는 모습을 그렸다. 당시 사회주의와 노동정당의 영향을 받은 작품이다. 맞은편에도 노르웨이 위인들과 함께 다양한 노동자들을 그려 다시 한번 노동의 가치를 강조했다. 그중에는 노벨 평화상을 수상한 프리드쇼프 난센의 모습도 있다. 제2차 세계대전 당시 겪었던 고통을 표현한 그림도 있는데, 벽화 끝부분에 누군가 노르웨이 국기를 흔들고 있는 모습이 눈에 띈다.

앞서 언급했듯이 노르웨이는 1814년에 독립국가를 선포하며 헌법을 제정했다. 하지만 이를 축하할 겨를도 없이 스웨덴의 통치를 받게 되었고, 노르웨이 국민들은 헌법을 제정한 5월 17일을 기념하는 것으로 독립에 대한 열망을 표출했다. '헌법의 날'이 국경일로 자리 잡아가던 1870년 5월 17일, 오슬로에서는 특별한 행사가 열렸다. 바로 어린이들이 축하 행진에 나선 것이다. 국가의 미래인 어린이들이 행진의 중심에 섰다는 점에서 큰 의의를 지니는 행사였다. 이후 어린이 퍼레이드는 매년 개최되었고 오늘날까지 그 전통이 이어지고 있다. 게다가 5월 17일은 제2차 세계대전 당시 독일이 항복한 날인 5월 8일과도 가까워 넓은 의미에서 노르웨이의 자유를 상징하게 되었다. 오슬로 시청사의 벽화에서도 어렵

모든 벽면이 예술 작품으로 가득한 오슬로 시청사 내부

게 이뤄낸 자유를 축하하는 모습을 찾을 수 있다.

이쯤 되면 오슬로 시청사는 노르웨이 역사·문화 미술관이라고 해도 과언이 아니다. 2층으로 올라가는 계단을 따라 오슬로 수호성인 성 할바드St. Hallvard의 그림이 있다. 오슬로의 시 문장에도 등장하는 성 할바드와 관련해 전해져오는 이야기가 있다. 누명을 쓰고 상인들에게 쫓기던 임신부를 도와주던 성 할바드는 상인들이 쏜 화살에 맞아 숨지고 말았다. 상인들은 그의 시신에 맷돌을 묶어 바다에 버렸다. 그런데 다음 날 시신이 수면 위로 떠오르는 기적이 일어났다. 그래서 시청사의 그림 속 성 할바드는 맷돌과 화살을 손에 든 채 발아래에 한 여성을 두고 보호하고 있다. 2층 복도에는 창이 크게 나 있어 오슬로 인근 바다가 보인다. 2층에서 눈여겨볼 작품은 연회장 끝에 있는 〈성장〉이라는 그림이다. 이 작품에는 제2차 세계대전이 끝나고 찾아온 평화가 표현되어 있다. 노르웨이의 아름다운 자연을 배경으로 벌거벗은 채 자유롭게 시간을 보내는 사람들의 모습이 편안해 보였다. 자연과 함께 건강한 생활을 누리는 이상향을 표현한 듯했다.

노르웨이에서 가장 유명한 표현주의 화가 에드바르 뭉크Edvard Munch의 작품 〈생명〉이 걸려 있는 '뭉크의 방'도 유명하다. 대표작인 〈절규〉를 보면 알 수 있듯 뭉크는 삶의 어둡고 절망스러운 면을 왜곡되게 그리는 것이 특징인 화가다. 그런데 오슬로 시청사에 있는 그림은 달랐다. 중앙의 나무 주변에 젊은이와 노인이 어우러져 있는 모습은 평화로워 보이기까지 했다. 뭉크 특유의 화풍이 덜 느껴지기 때문에 잘 알려지지는 않았지만, 오슬로 시민들이 결혼식을 올리는 방에 이보다 더 어울리는 그림이 또 있을까 싶다. 오슬로 시청사는 매년 12월 10일에 노벨 평화상 시상식이 열리는 곳으로도 잘 알려져 있다. 자유와 평화에 대한 깊은 고뇌가 담긴 작품들로 가득한 곳이니 노벨 평화상을 시상하기에 더없이 좋겠다는 생각이 들었다.

도시 개발 프로젝트로 활기를 얻은 오슬로의 공간들

시청사에서 나와 노벨평화센터Nobels Fredssenter를 지나면 아케르 브뤼게Aker Brygge 부두로 이어진다. 커다란 비눗방울을 만드는 행위 예술가, 여러 가지 색깔의 솜사탕을 파는 수레 등이 부두 앞 광장을 채우고 있었다. 비눗방울이 춤추듯 날리는 방향을 따라 바다 옆으로 길게 조성된 워터프론트 데크를 걸었다. 아케르 브뤼게의 상징과도 같은 작은 시계탑도 보였다.

지난 2000년 1월에 오슬로 시의회는 오슬로의 해안 도시 개발을 위한 프로젝트 '피오르비안Fjordbyen'을 승인했다. 오슬로 서부에 있는 프로그네르킬렌Frognerkilen부터 남부에 있는 쉬드하브나Sydhavna까지 아우르는 엄청난 규모의 프로젝트로, 총면적이 2,260㎢(서울 면적의 약 3.5배)에 이른다. 피오르비안의 주요 내용은 수변을 개발하여 사람들이 오슬로의 해안을 더 가까이에서 즐길 수 있도록 하고 생명력 넘치는 환경을 조성하는 것이다. 이 프로젝트는 2030년 완료를 목표로 순차적으로 진행되고 있으며, 이미 오슬로의 모습을 많이 바꿔놓았다. 아케르 브뤼게 부두도 이 프로젝트의 일환으로 개발되었다. 그 결과 원래 소규모 공장 지대가 있던 부두가 현재 오슬로에서 가장 활기찬 공간으로 변신했다. 바다 옆에 있는 스트란든Stranden 거리를 따라 레스토랑, 카페, 바 등이 줄지어 있다. 건물 사이사이에 쇼핑 공간과 문화 공간이 만들어져 있고 사무실과 주거 시설도 섞여 있다. 2,500개가 넘는 의자들이 곳곳에 마련되어 있는 것도 흥미롭다. 부두 주변 어디서든 사람들은 편히 앉아 오슬로의 바다를 마음껏 즐길 수 있다. 거리 자체가 살아 숨 쉬고 있어 그저 걷는 것만으로도 즐겁다. 좋은 도시를 판단하는 기준 중 하나는 '일반 시민을 위한 공적 공간이 얼마나 잘 구성되어 있는가'다. 사람들이 안전하게 거닐 수 있고, 다른 사람들을 만나 사회적 활동을 하고, 편하게 쉴 수 있는 공적 공간은 도시환경의 수준을 높이는 데 매우 중요한 역할을 한다.

스트란든 거리의 끝에 이르니 커다란 돛 모양 건물이 인상적인 아스트룹 피언리 현대미술관Astrup Fearnley Museet of Modern Art이 보인다. 이 미술관은 1993년에 다른 건물에서 개관했다가 2012년에 이탈리아 건축가 렌조 피아노Renzo Piano가 설계한 현재 건물로 이전했다. 우리가 도착했을 때 미술관 앞 조각 공원에서는 마침 아바ABBA의 음악이 연주되고 있었다. 주변의 소박한 해변에서는 아이들이 물장구를 치고 있었고, 그 위쪽 언덕에서는 수영복 차림의 어른들이 일광욕을 하고 있었다. 문득 오슬로 시청사에서 본 그림 속 '이상적인 삶'과 지금 눈앞에 펼쳐진 풍경이 겹쳐졌다. 마치 움직이는

거대한 돛을 연상시키는 아스트룹 피언리 현대미술관

예술 작품을 보는 것 같았다. 지금 이 순간의 행복을 즐겨야 한다는 생각이 들었다. 맥주를 한잔 주문하고 야외 카페에 자리를 잡았다. 그때 아이들이 소리쳤다. "우와! 무지개예요!" 멀리 아케르스후스 요새 쪽으로 무지개가 크게 드리워 있었다. 모든 것이 완벽하게 조화로웠다. 감각적인 미술관에서 흥겨운 음악을 들으며 바닷가에서 장난치는 아이들을 바라보고 있으니 행복이 가슴속에 차올랐다. 무지개가 걸쳐져 있는 아름다운 노르웨이 해변을 바라보면서 다시없을 시간을 만끽했다.

해가 뉘엿뉘엿 넘어가기 시작했다. 저녁을 먹고 중앙역 근처에 있는 숙소로 돌아가는 길에 오슬로 오페라하우스Operahuset로 산책을 나섰다. 2008년 완공된 오슬로 오페라하우스도 오슬로 수변 개발 프로젝트의 중의 하나였다. 멀리서 보면 마치 바다 위에 떠

바다와 이어져 있는 오슬로 오페라하우스

있는 커다란 빙하 덩어리 같다. 이처럼 피오르해안에 딱 어울리는 건축물이 또 있을까? 오슬로 오페라하우스의 앞은 낮은 경사면으로 바다까지 죽 이어져 있다. 낮에 방문했다면 해변에서처럼 누워서 선탠을 하거나 바다로 다이빙을 하는 사람들을 여럿 볼 수 있었을 것이다. 독특하게도 오슬로 오페라하우스는 지상에서 옥상까지 한 번에 올라갈 수 있도록 설계되었다. 측면의 경사로를 따라 천천히 올라갔다. 옥상에 가까워지니 하늘에 손이 닿을 것 같았다. 간간이 빗방울이 떨어지던 날이라 구름이 많이 껴서 SF 영화 속에 들어온 듯한 기분까지 들었다. 하늘과 바다에 동시에 닿아 있는 건물이 무척 신기했다.

해가 지자 조명들이 하나씩 켜지며 오슬로 오페라하우스를 밝혔다. 우리는 그 불빛에 그림자놀이를 하느라 한참 동안이나 옥상에서 내려오지 못했다. 한쪽 벽이 유리창으로 되어 있어 내부도 슬쩍 들여다보았다. 밖에서만 보아도 이 건축물이 전하고자 하는 메시지를 충분히 들을 수 있었다. 둘러보고 나오던 길에 다시 오페라하우스를 돌아보았다. 이번에는 얼음덩어리가 아니라 얼굴처럼 보였다. 눈은 하늘을 올려다보고, 입은 바다를 향해 씩 웃고 있는 듯했다. 바로 옆에는 공립도서관을 짓는 중이었는데, 두 문화 공간이 어떻게 조화를 이뤄 오슬로의 경관을 얼마나 아름답게 만들지 기대된다.

비겔란 조각 공원에는 인생이 새겨져 있다

△△△

오슬로에 방문한다면 세계적인 조각가 구스타브 비겔란Gustav Vigeland의 작품들이 있는 비겔란 조각 공원Vigelandsparken에는 꼭 가봐야 한다. 1869년 노르웨이 만달Mandal에서 목수의 아들로 태어난 비겔란은 어린 시절부터 조각에 흥미를 느꼈다. 그는 프랑스, 이탈리아 등에서 유학하며 프랑스 조각가 오귀스트 로댕으로부터 많은 영향을 받았고, 이후 인간의 삶과 감정을 조각으로 표현하는 것을 추구했다. 하지만 비겔란이 지향하는 예술만으로는 생계를 유지하기 어려웠다. 그러던 중 극작가 헨리크 입센Henrik Ibsen과 같은 노르웨이의 유명 인사들의 흉상 제작을 맡게 되어 조각가로서 입지를 다질 수 있었다. 1921년, 비겔란은 별안간 시 정부와 갈등을 겪게 되었다. 오슬로 시 정부가 새로운 공립도서관을 짓기로 했는데, 하필이면 비겔란이 살던 집이 그 부지에 포함된 것이다. 고심 끝에 시 정부는 비겔란에게 집과 작업실을 새로 마련해주고, 비겔란은 시에 자신의 작품들을 기증하기로 협의했다. 새 작업실로 옮겨간 비겔란은 주변 공원의 설계를 맡았다. 이후 그는 활발한 작품 활동으로 200점이 넘는 조각들을 남겼고, 작품들은 모두 공원에 전시되었다. 공원은 비겔란이 사망한 뒤인 1949년에 완성되었으며 오슬로를 대표하는 문화 공간으로 자리 잡았다. 공원의 원래 이름은 프로그네르 공원Frognerparken이지만 오늘날에는 비겔란 조각 공원으로 더 널리 알려져 있다.

공원 안으로 들어서자마자 바로 비겔란의 동상이 보인다. 뒤이어 공원 끝까지 쭉 뻗은 길을 따라 수많은 조각상들이 전시되어 있다. 입구에서 조금 더 들어가면 다리가 하나 나온다. 다리의 난간에는 남녀의 관계, 어른과 아이의 관계 등을 표현한 58개의 청동 동상이 세워져 있다. 하나씩 살펴보다가 우스꽝스러운 자세를 하고 있는 어린아이와 부모 동상을 발견했는데, 나와 아이들의 모습 같아서 특히 기억에 남았다. 각 동상들은 다양하면서도 친근한 동작을 취하고 있다. 그래서 어떤 상황을 묘사한 것인지 쉽게 연상이 가능했다. 다리 위 청동 동상들 중에서 제일 유명한 화난 아기 동상은 한쪽에 숨어 있기 때문에 잘 찾아야 한다. 사람들이 모두 이 동상을 만지고 지나가서 아기의 손만 반질반질하게 닳아 금빛이 되었다.

다리를 건너면 물이 폭포처럼 쏟아져 내리는 분수대가 있다. 거대한 수반을 6명의 사람이 힘겹게 받치고 있는 형태의 조각이 의미심장했다. 비겔란은 공원 설계를 담당하기 훨씬 전에 이 분수대 조각상을 구상했다고 한다. 1906년에 임시 석고상을 만들어 전시회에 내놓았는데 시민들의 반응이 매우 뜨거웠다. 청동으로 분수대를 완성한 뒤에 시의회는 이를 어디에 전시할지 고민하다가 프로그네르 공원에 두기로 최종 결정했다. 이 분수대는 공원에서 가장 오래된 작품이자 조각 공원이 탄생하게 된 계기가 되었다. 비겔란은 이 조각상에 인생이라는 무거운 짐을 져야 하는 인간의 숙명을 담고자 했다. 맑은 날 분수대를 보고 있으니 그러한 삶의 굴레가 느껴지면서도 시원하게 쏟아지는 물줄기에 해방감이 들었다. 나무와 인간이 얽혀 있는 형상의 조각상들이 분수대를 둘러싸고

곳곳에 멋진 조각 작품들이 놓여 있는 비겔란 조각 공원

한 덩어리의 화강암에 다양한 연령대의 남녀 121명을 새긴 모놀리텐은
그 자체로 조각 공원의 정점이라 할 만하다.
정상에 오르고자 하는 인간의 욕망을 나타낸 모놀리텐의 꼭대기에는
아이들이 조각되어 있다. 순수한 영혼만이 정상에 도달할 수 있다는
의미를 담고 싶었던 것은 아닐까.

있는데, 그 모습이 슬퍼 보이면서도 우아했다.

공원의 언덕 중심에 있는 '모놀리텐Monolitten'은 비겔란이 만든 최고의 걸작이다. 모놀리텐은 '하나의 돌'이라는 의미로, 한 덩어리의 화강암을 조각한 것이라 이러한 이름이 붙었다. 높이가 17.3m, 무게가 260톤에 이르는 모놀리텐은 세계에서 가장 큰 화강암 조각이다. 다양한 연령대의 남녀 121명이 서로 뒤엉켜 높은 탑을 이룬 모습은 그 자체로 조각 공원의 정점이라 할 만하다. 실제로 보면 숨이 막힐 정도로 웅장하다. 모놀리텐 역시 조각 공원이 만들어지기 전에 구상된 것이다. 본격적인 작업에 앞서 비겔란이 석고상을 제작한 다음, 비겔란의 지휘 아래 3명의 조각가가 초대형 화강암을 깎고 다듬어 무려 14년에 걸쳐 완성했다. 안타깝게도 비겔란은 모놀리텐이 완성되기 직전에 숨을 거두고 말았다.

모놀리텐은 높은 정상에 오르고 싶어 하는 인간의 욕망을 나타낸다. 모놀리텐을 이루는 사람들은 먼저 올라가려 애쓰는 것처럼 보이기도 하고, 아래 있는 사람을 짓누르는 것처럼 보이기도 했다. 그 안에서 느끼는 고뇌와 좌절도 엿보였다. 실제 사람과 크기가 비슷해 현실처럼 절절하게 감정이 전해졌다. 너무 높아 잘 보이지는 않았지만 맨 꼭대기에는 아이들이 조각되어 있다. 순수한 영혼만이 정상에 도달할 수 있다는 의미를 담고 싶었던 것은 아닐까. 비겔란은 모놀리텐을 통해 인간의 삶은 고통스러우나 그럼에도 함께 섞여 살아가면서 서로 의지할 때 이상에 닿을 수 있다고 말한다. 주변에는 인간의 희로애락을 표현한 조각상 36개가 놓여 있다. 놀랍게도 누구나 작품에 올라타거나 기대며 직접 만져볼 수 있다. 비겔란은 자신의 조각을 사람들이 눈으로만 감상하지 말고 좀 더 가까이에서 피부로 느끼길 바랐다. 고통스러운 표정의 조각 위에서 해맑게 웃으며 장난치는 사람들의 모습이 대조적이다. 강렬하면서도 이해하기 쉬운 비겔란의 조각들은 그야말로 삶에 녹아든 예술이었다.

꿈을 향해 날아오르는 홀멘콜렌

40년간 오슬로와 베르겐Bergen을 오가는 기차를 운행해온 늙고 평범한 기관사가 있다. 오드 호텐이라는 이름의 이 기관사는 은퇴를 하루 앞둔 참이다. 성실한 호텐은 다음 날 있을 마지막 기차 운행을 잘 마치기 위해 자신의 은퇴 파티까지 적당히 마무리하고 빠져나온다. 그러다가 우연히 어떤 꼬마를 만난다. 잠들 때까지 옆에 있어달라는 꼬마의 부탁을 거절하지 못하고 곁을 지켜주던 호텐은 그만 같이 잠들어버린다. 그는 마지막 기차 운행을 놓치고 말았고, 이후 일들이 자꾸만 꼬이며 이상한 밤들이 이어진다.

어느 늙은 기관사가 겪은 기이한 이야기를 담은 영화 〈오슬로의 이상한 밤〉. "인생에 너무 늦은 건 없다"는 메시지가 오래도록 기억에 남는다.

이 이야기는 영화 〈오슬로의 이상한 밤〉의 줄거리다. 조금 지루하지만 북유럽 특유의 유머 코드가 들어 있는 영화다. 정해진 선로 위를 항상 똑같이 달리는 기차처럼 살아온 주인공 호텐은 평소와 다른 이상한 밤을 보내며 자신이 진정으로 원하는 것이 무엇인지 깨닫는다. 그는 스스로에게는 탈선과도 같았던 하룻밤을 통해 새로운 삶을 시작하는 용기를 얻게 된다. 마침내 호텐은 그동안 겁이 나서 하지 못했던 스키 점프에 도전한다. 일흔이 가까운 나이에 맞이한 그의 새 출발을 알리는 신호탄이 울리는 곳이 홀멘콜렌Holmenkollen 스키 점프대다. 하루 종일 되는 일 없이 엉망인 날에 이 영화를 보면 이야기가 끝날 때쯤 미소를 짓게 된다.

"이젠 너무 늦었어요."

"모든 것은 너무 늦게 오죠. 그러니까 너무 늦은 건 아무것도 없어요."

— '오드 호텐과 인정받지 못했던 천재 발명가 아저씨의 대화', 영화 〈오슬로의 이상한 밤〉(2007) 중에서

홀멘콜렌 스키 점프대는 오슬로 시내에서 차로 30분 거리에 있다. 1892년 세계 최초의 스키 점프 대회가 이곳에서 열렸다. 크로스컨트리 스키Cross Country Skiing의 발상지인 노르웨이는 '노르웨이 사람들은 스키를 신고 태어난다'라는 말이 있을 정도로 세계적인 겨울 스포츠 강국이다. 나는 스키 점프대를 가까이에서 본 것이 처음이었는데 높이가 엄청났다. 눈이 쌓인 겨울에 스키 점프를 뛰는 모습을 직접 보고 싶었다. 내가 뛰지 않아도 함께 날아오르는 기분이 들

것 같았다. 그래서 스키 점프대 옆으로 난 계단을 오르기 시작했다. 꼭대기에서는 집라인zip-line에 매달린 사람들이 비명을 지르며 내려오고 있었다.

먼저 스키 박물관으로 들어갔다. 박물관에는 스키 점프 대회에서 우승한 선수들과 왕족들의 스키가 전시되어 있었다. 로알 아문센이 신었다는 스키도 있어 무척 신기했다. 홀멘콜렌 스키 점프장의 변천사도 알 수 있고, 스키와 스노보드 영상 등 볼거리가 많았다. 박물관을 둘러본 다음 전망대에 가보기로 했다. 좁은 엘리베이터를 타고 올라가니 푸르른 오슬로가 눈앞에 펼쳐진다. 나무가 많은 나라라는 것은 알고 있었지만 도시가 숲과 다름없어 보일 줄은 몰랐다. 사실 스키 점프대까지만 올라도 오슬로 전경이 쭉 내려다보여서 굳이 전망대까지 오를 필요가 있나 싶었는데, 안 보고 갔으면 너무나 아쉬웠을 장관이었다. 특히 구름은 그림으로 그리라고 해도 그릴 수 없을 것 같이 아름다웠다. 그런 구름이 양팔 옆으로 가득했고, 바람도 너무나 상쾌했다.

스키 점프대에서 내려와 산 중턱에 있는 레스토랑을 찾았다. 음식은 특별할 것 없었지만 아름다운 풍경을 보면서 먹는 달콤한 케이크와 따뜻한 커피가 기막히게 좋았다. 끝없이 펼쳐진 숲을 바라보며 자연이 주는 편안함과 행복감으로 가득 차 있을 때 바로 앞에 작은 나무 푯말이 보인다. 'This is life. No More No Less(이것이 삶이다. 이 이상도 이 이하도 없다).' 여행은 항상 뜻하지 않은 곳에서 깨달음을 준다.

비의 도시 베르겐과 회색 도시 올레순, 그리고

피오르

베르겐에 도착하자마자 비가 쏟아졌다. 베르겐은 세계에서 비가 가장 자주 오는 도시로도 잘 알려져 있다. 한 해 평균 240일이나 비가 내린다. 딱히 우기가 있는 것이 아니기 때문에 1년 내내 비가 온다고 해도 과언이 아니다. 그나마 다행인 건 하루 종일 비가 오는 경우는 많지 않다는 것이다. 거센 빗줄기가 쏟아지다가도 언제 그랬냐는 듯이 갑자기 하늘이 맑아지고는 한다. 정말 변덕스럽다. 우리가 베르겐에 머무른 동안에도 계속 비가 내렸다.

피오르 여행을 계획하며 정보를 찾던 중 문득 깨닫게 되는 사실이 있었다. 사진 속에 아이들은 거의 없었다. 건장한 외국인들이 아기를 배낭에 얹은 채 하이킹을 하는 사진이 가끔 보이는 정도였다. 당시 둘째는 유모차가 필요한 시기여서 험준한 산이 많은 피오르 여행이 순탄할지 걱정되었다. 하지만 노르웨이 자연을 몸으로 느끼려면 조금 불편해도 차가 없는 편이 낫겠다고 생각했다. 그렇게 베르겐에서 대자연을 누비는 노르웨이 피오르 여행이 시작되었다.

거장의 집에서 아름다운 연주를 감상하다

△△△

베르겐 공항에서 내려 시내로 들어가기에 앞서 노르웨이 민족주의 음악가 에드바르 그리그Edvard Grieg의 생가인 트롤하우겐Troldhaugen을 찾아갔다. 방문하기 전 그리그의 음악을 찾아서 들어보았는데 선율이 너무나 익숙했다. 곡명을 몰랐던 것뿐 그리그는 생소한 작곡가가 아니었다. 비가 내리니 회색과 아이보리색으로 칠해진 생가가 침울해 보였다. 그리그의 음악이 어둡지 않으면서 무게감 있는 이유도 이런 주변 환경의 영향을 많이 받은 듯했다.

에드바르 그리그는 베르겐에서 태어나서 어릴 때부터 어머니에게 피아노를 배웠다. 10대에 독일로 유학을 가 작곡과 피아노를 배웠고, 20대에는 민족주의 작곡가들과 깊이 교류하며 민족주의 색채가 짙은 선율과 리듬을 만들어갔다. 그리그가 태어났을 때 노르웨이는 스웨덴의 지배를 받고 있었기 때문에 그가 민족주의에 관심을 갖게 된 건 자연스러운 일이었다. 그리그는 노르웨이 성악가 니나 하게루프와 결혼하여 오슬로에 정착한 후 7년간 지휘자로

숲속에 자리한 음악가의 집, 트롤하우겐

활동했다. 30대에 이르러서는 정부의 적극적인 지원을 받으며 작곡에 전념했다. 이후 베르겐으로 돌아온 그리그 부부는 피오르해안이 보이는 언덕 위 경치에 반해 이곳에 집을 짓고 '트롤의 집'이란 뜻의 트롤하우겐이라 불렀다. 그리그는 1885년부터 22년 동안 이 집에서 여생을 보냈다. 생가 주변 건물과 박물관은 낮은 잔디로 덮여 있어 정말로 트롤의 집 같다. 트롤하우겐 앞에는 피아노가 있는 작은 오두막이 있는데, 그리그는 조용히 작품 활동에 집중하기 위해 이곳에서 대부분의 시간을 보냈다고 한다. 그는 64세 되던 해에 병으로 급작스레 생을 마감하고 트롤하우겐 옆에 묻혔다.

트롤하우겐은 대중교통으로 가기 불편한 곳에 위치해 있다. 어떻게 찾아갈지 고민하던 중 트롤하우겐에서 운영하는 시내 왕복 교통편에 피아노 연주회를 겸한 투어 상품을 발견했다. 주저 없이 투어에 참여하기로 했다. 트롤하우겐에 도착해서는 먼저 생가를 구경하며 30분 정도 설명을 들었다. 내부가 넓지 않은 데다가 사람이 많아서 다소 번잡했다. 각자 점심을 먹고 1시에 있을 피아노 연주회를 기다렸다. 아담한 공연장은 바다가 바로 앞에 있는 전망 좋은 곳에 있었다.

그리그의 음악 중 대중들에게 많이 알려진 것은 노르웨이 연극 〈페르 귄트〉의 배경음악이다. 내가 트롤하우겐에 갔을 때에도 이 음악이 연주되었다. 〈페르 귄트〉는 근대극의 일인자인 헨리크 입센의 희곡을 바탕으로 한다. 노르웨이가 낳은 예술계 거장들이 만나 완성된 작품인 셈이다. 1867년 입센은 노르웨이 전설에서 영감을 얻어 5막 38장으로 구성된 희곡 〈페르 귄트〉를 완성한 뒤 그리그에게 배경음악을 만들어달라고 요청했다. 처음 의뢰를 받았을 때 그리그는 자신의 음악이 스케일이 큰 극음악과 어울리지 않다고 생각해 작곡을 망설였다고 한다. 우려와 달

노르웨이를 대표하는 두 예술가 에드바르 그리그(위)와 헨리크 입센. 입센의 희곡 〈페르 귄트〉를 바탕으로 그리그는 불후의 작품인 〈페르 귄트 모음곡〉을 작곡했다.

리 그리그는 노르웨이의 민속적 분위기를 음악에 잘 담아냈다. 그 결과 〈페르 귄트〉는 초연에 성공했고, 그리그와 입센의 대표작이 되었다.

〈페르 귄트〉는 게으르고 방탕한 허풍쟁이의 일생을 그린 작품이다. 주인공 페르 귄트는 원래 부잣집 아들이었지만 아버지가 재산을 탕진하고 세상을 뜨는 바람에 가난하게 생활한다. 결혼식장 근처를 지나다 충동적으로 신부를 납치해서 산으로 도망친 그는 곧 신부를 버리고 더 깊은 산속으로 들어선다. 그곳에서 페르 귄트는 또 다른 여인을 보고 반해서 따라간다. 알고 보니 그녀는 산속 마왕의 딸이었고, 마왕은 페르 귄트에게 딸과 결혼할 것을 강요한다. 페르 귄트는 깜짝 놀라 거절한다. 화가 난 마왕은 트롤들에게 페르 귄트를 죽이라고 명령하고 페르 귄트는 간신히 위기에서 벗어난다. 그리고는 본래 연인이었던 솔베이그를 찾아가지만 또 다시 연인을 버리고 전 세계를 다니며 모험을 한다. 미국, 아프리카 등을 떠돌다가 노예상이 되어 큰 부자가 되기도 하고, 예언가 행세를 하며 추장의 딸을 탐하기도 한다. 그렇게 큰돈을 벌고 잃기를 반복하며 시간이 흐른다. 늙은 페르 귄트는 항해 중에 풍랑을 만나 빈털터리가 되고 만다. 비참한 모습으로 고향에 돌아온 그는 그곳에서 평생 그를 그리워하며 기다리고 있던 솔베이그를 만난다. 그리고 그녀의 품에서 최후를 맞는다.

두 사람이 재회하는 장면에서 솔베이그가 부르는 노래가 바로 〈솔베이그의 노래〉다. 입센은 이기적이고 비도덕적인 페르 귄트와 그런 연인을 용서하고 끝까지 사랑한 솔베이그를 대조적으로 그림으로써 인간의 잘못된 욕망을 표현하려 했다. 〈페르 귄트〉는 입센의 자유분방한 상상력을 가장 풍부하게 담아낸 작품으로, 전 세계를 배경으로 이야기가 전개되고 등장인물이 100여 명에 달하는 대작이다. 뿐만 아니라 트롤과 같은 노르웨이 전설까지 포함하고 있어 흥미롭다.

우리 가족은 미리 공연장에 자리를 잡고 기다렸다. 연주가 시작되려는 순간, 불현듯 아이들이 피아노 연주회를 잘 견딜까 하는 걱정이 머릿속을 스쳤다. 아뿔싸! 여차하면 바로 공연장에서 나갈 수 있게 맨 뒤에 앉았어야 했는데, 연주가 너무 기대되었던 나머지 객석 중간에 자리를 잡아버린 것이다. 자칫 다른 청중들에게 민폐가 될 수도 있는 상황이었다. 그러나 이미 연주회는 시작되었고 아이들이 조용히 음악을 감상하기만을 바랄 수밖에 없었다. 차라리 아이들이 잠드는 게 낫겠다고 생각할 정도로 걱정스러웠다. 연주된 곡 중 빠르고 긴장감 넘치는 〈트롤의 행진〉이 딱 내 마음 같았다. 조마조마한 마음에 30분이 상당히 길게 느껴졌지만 다행히도 아이들은 얌전했다. 물론 가방 속에 들어 있던 젤리의 힘을 빌리긴 했지만.

연주회가 끝난 뒤 베르겐 시내로 돌아가려 하자 그제야 하늘이 맑아졌다. 비가 그쳤으니 트롤하우겐 주변을 산책하고 싶었으나 투어 버스 시간 때문에 지체할 수 없었다. 에드바르 그리그의 생가에서 피아노 연주를 듣는 것은 무척 황홀한 경험이었다. 깊은 산속의 작은 콘서트홀에서 온몸으로 느끼는 피아노 선율이 너무나 아름다웠다.

거의 매일 비에 젖어 있는 도시, 베르겐

베르겐은 오슬로가 수도가 되기 이전인 12~13세기에 노르웨이의 수도였다. 이후에도 어업과 무역을 바탕으로 한자동맹의 중심 도시가 되어 400년 넘게 번영을 누렸다. '부두'라는 뜻을 가진 브뤼겐Bryggen 지구는 한자동맹 시대의 흔적을 여전히 지니고 있다. 중세 시대에 지어진 뾰족한 지붕의 목조 건물들이 다닥다닥 붙어 있는 이곳은 1350년경 한자동맹의 집무실이 세워지면서 조성되었다. 당시 베르겐의 무역을 통제하던 독일 상인들의 집과 사무실로

중세 시대의 목조 건물이 그대로 남아 있는 브뤼겐 지구

사용되는 건물들이 많았다. 목조 건물로 이뤄져 있다 보니 여러 번의 화재를 겪었고, 1702년 대화재로 지구 내 건물의 절반 이상이 불에 타 다시 지어졌다. 이때 건물을 옛 모습 그대로 복원한 데다가 12세기에 지은 건물들도 상당수 남아 있어 브뤼겐에 가면 중세의 거리를 걷는 기분이 든다. 해안을 따라 늘어서 있는 건물 사이로 들어가면 또 다른 생생함을 느낄 수 있다. 물기를 머금은 목조 건물의 색깔이 유난히 선명해 보였다. 나무 계단을 밟으며 건물 위층으로 올라가보기도 하고 생선과 곡물들로 가득했을 창고를 들여다보기도 했다. 현재 브뤼겐 곳곳에는 각종 수공예품을 만들어 파는 공방 겸 상점들이 있어 구경하는 재미가 있다. 브뤼겐 지구는 1979년에 유네스코 세계문화유산으로 지정되었다.

우리가 브뤼겐 지구를 둘러볼 때는 다행히 비가 오지 않았다. 그렇지만 언제 비가 쏟아질지 모르기 때문에 서둘러 플뢰위엔Fløyen산 전망대부터 가기로 했다. 토르게Torget 거리와 브뤼겐 거리가 만나는 지점인 베틀리드살멘닝겐Vetrlidsallmenningen 거리에 가면 케이블카를 탈 수 있는 흰색 건물이 있다. 플뢰이바넨 푸니쿨라Fløibanen Funicular 승강장이다. 걸어서 올라갈 수도 있지만 우리는 유모차가 있어 케이블카 왕복권을 구매했다. 탑승을 기다리는 줄이 꽤 길었는데, 유모차를 본 직원이 다른 길로 안내해주었다. 케이블카에는 유모차나 휠체어가 들어갈 수 있는 널찍한 칸이 따로 마련되어 있었다. 선진국이란 이렇게 약자를 위한 시설이 잘 되어 있는 곳임을 다시 한번 생각하게 된다. 케이블카를 타고 320m 높이의 플뢰위

엔산에 올랐다. 도착해서 전망대 쪽으로 걸어가기도 전에 갑자기 엄청난 폭우가 쏟아졌다. 8월이었음에도 작은 우박까지 떨어졌다. 이대로는 꼼짝도 할 수 없겠다고 걱정했는데 곧 비가 잦아들었다. 얼른 전망대로 향했다. 해상무역이 발달하기 딱 좋은 베르겐의 모습이 한눈에 들어왔다. 날씨가 흐린 것이 조금 아쉽긴 했지만 먹구름 낀 베르겐의 하늘도 너무나 운치 있었다. 폭풍이 몰아칠 듯 매서운 하늘을 베르겐이 맞서고 있는 듯했다.

전망대에서 내려와 관광 안내소 바로 옆에 있는 어시장에서 점심을 먹고, 새우튀김을 포장해서 바다와 닿아 있는 노르드네스 공원Nordnesparken으로 향했다. 먼 거리는 아니지만 가는 길에 볼거리가 없어 멀게 느껴졌다. 어찌나 밋밋한지 걸어가는 내내 괜히 시간 낭비를 하는 것은 아닌가 싶었다. 하지만 도착해보니 노르드네스 공원을 추천해준 베르겐 출신 친구를 믿길 잘한 듯했다. 바닷바람에 나무가 흔들리는 소리까지 들릴 정도로 조용하고 평화로운 곳이었다. 시내에 북적이던 여행객은 하나도 보이지 않았다. 맑고 시원한 자연의 소리를 따라 공원을 거닐었다. 공원 가장자리에는 바다를 더 가까이에서 느낄 수 있는 데크가 있었다. 바닷물에 손을 담글 수 있는 곳까지 내려오니 파도가 칠 때마다 도르르르 자갈이 구르는 소리가 너무나도 청량하게 들려왔다. 아름다운 자연의 음악이 한적한 공원을 채우니 우리만을 위한 연주회가 열린 것 같았다. 우리 가족은 해변의 예쁜 돌멩이를 주우며 소소하지만 행복한 시간을 보냈다.

구불구불한 협곡 사이로 지나가는 배, 깎아지른 듯한 절벽 위로 쏟아지는 폭포, 아찔한 벼랑 위에 서 있는 사람들. 모두 피오르에서 볼 수 있는 장면들이다. 노르웨이 여행의 핵심은 역시 피오르다. 모험적이고 활동적인 여행을 좋아하는 나는 피오르 사진만 봐도 가슴이 너무나 두근거렸다. 피오르 여행 준비는 만만치 않았다. 북유럽 여행을 통틀어 가장 많은 시간을 투자해서 조사하고 공부하여 계획을 세웠다. 피오르는 '내륙 깊이 들어온 만'이라는 뜻의 노르웨이어로, 노르웨이 발음으로는 '피유르'에 더 가깝다. 노르웨이 서부의 복잡하고 들쑥날쑥한 해안선이 모두 피오르로 이루어진 곳이다. 피오르는 빙하기에 빙하가 얼었다 녹기를 반복하면서 깎아낸 골짜기에 바닷물이 들어와서 형성된 지형이다. 피오르가 오래되었다는 건 익히 들어왔는데, 정확히 얼마나 오래전에 만들어진 건지 궁금했다.

46억 년 전 지구가 탄생한 이후 지질 연대는 선캄브리아기, 고생대, 중생대, 신생대로 구분한다. 고생대 이전에 약 네 번의 긴 빙하기가 있었던 것으로 추측된다. 빙하기라 해도 지구 전체를 빙하가 뒤덮은 것은 아니고 북극과 남극의 빙하가 확장되어 중위도까지 내려오는 정도다. 선캄브리아기 말에 약 2억 1만 년 동안 전 지구를 빙하가 덮어버린 적도 있다는 연구 결과가 발표되기도 했다. 미국 캘리포니아 공과대학의 조셉 커시빙크 교수가 1992년에 발표한 것으로, 그는 지금으로부터 8억 5,000만 년 전부터 6억

지구의 지질 연대표
(미국 지질조사국의 'Divisions of Geologic Time' 참고)

	절대 연대 (단위: 년 전)	생물의 출현	빙하기 (단위: 년 전)
선캄브리아기 (시생대+원생대)	46억~ 5억 4,000만	원시적 동식물	27억, 8억
고생대	~2억 5,000만	삼엽충, 곤충류, 어류, 파충류 등	4억 6,000만, 3억 6,000만
중생대	~6,500만	공룡	없음
신생대	~현재	포유류	수차례

3,500만 년 전 사이의 기간 동안 지구는 적어도 세 번 이상 거대한 눈덩이가 되었을 것이라고 주장했다. 그러나 신생대 이전의 빙하기가 피오르 형성에 영향을 미쳤다고 보기는 어렵다. 대륙이동설에 따르면 고생대까지 지구는 판게아라는 거대한 하나의 대륙으로 구성되어 있었다. 중생대에 대륙이 분열되어 이동하면서 현재 지구의 대륙 형태를 갖췄다. 이후 신생대에 들어서며 여러 번의 빙하기가 나타났다. 중생대의 공룡이 멸종한 원인 중의 하나로 빙하기를 꼽는 이유다.

신생대 초기에 현재 지구와 유사한 대륙과 해양의 윤곽이 나타나기 시작했고 동식물계 모습이 갖춰졌다. 특히 제4기에는 인류가 출현했다. 학자들은 연구를 통해서 신생대에 네 차례의 빙하기가 있었다고 결론지었다. 빙하기에는 여름에도 기온이 10℃를 넘지 않는 한랭한 기후가 이어졌다. 이 시기에 노르웨이도 수차례 빙하로 덮였다. 강에 의한 침식이 V자 형태를 이루는 반면, 빙하에 의한 침식은 U자형을 이루며 경사가 매우 급한 절벽을 만들어낸다. 빙하가 녹으면서 바다로 흘러들어가 해수면이 상승했고, 그 바닷물이 다시 골짜기로 들어와 좁고 긴 피오르가 발달하게 되었다. 인류가 처음으로 등장하는 신생대 제4기에 피오르도 모습을 드러내기 시작했다. 피오르 여행은 단순히 아름다운 절경을 감상하는 것을 넘어 인류의 탄생을 함께한 고대의 지구를 직접 체험하는 것이다!

앞서 언급했듯이 노르웨이에는 피오르해안이 많이 분포해 있다. 본격적인 여행을 떠나기 전, 그중에서 어떤 피오르를 봐야 할지 고민되었다. 세계적으로 유명한 노르웨이의 4대 피오르로는 송

신생대의 환경 변화
(미국 지질조사국의 'Divisions of Geologic Time' 참고)

	세	절대 연대 (단위: 년 전)	주요 변화
신생대 제3기	팔레오세	6,500만~5,500만	대륙의 지속적인 이동
	에오세	~3,300만	
	올리고세	~2,300만	
	마이오세	~530만	알프스산맥, 히말라야산맥 형성
	플라이오세	~180만	원시 인류의 출현
신생대 제4기	플라이스토세	~1만	가장 최근의 빙하기
	홀로세	~현재	해빙기, 호모사피엔스의 출현

노르웨이의 4대 피오르

이름	주변 도시	특징
송네	베르겐	가장 유명하고 긴 피오르. 페리와 산악 열차, 버스를 이용해 1년 내내 여행할 수 있다.
하르당에르	베르겐	두 번째로 긴 피오르. 폭포와 빙하를 볼 수 있고 트롤퉁가까지 산을 오르면(8~10시간 소요) 절벽 위에서 피오르를 내려다볼 수 있다.
예이랑에르	올레순	폭포가 유명하다. 차량을 이용하면 급격하게 굽이치는 트롤스티엔 도로를 경험할 수 있다. 페리는 6월 초~8월 말에만 운영한다.
뤼세	스타방에르	프레케스톨렌(2시간 소요)이나 셰라그볼텐(6시간 소요)까지 등산한 다음 절벽 위에서 풍경을 감상할 수 있다.

네Sogne피오르, 하르당에르Hardanger피오르, 예이랑에르Geiranger피오르, 뤼세Lyse피오르가 있다. 다 돌아볼 시간도 없을뿐더러 사진을 확인해보니 전부 비슷해 보여 차이가 무엇인지 알 수 없었다. 사실 피오르들의 형태는 거의 유사한데, 각 피오르마다 감상 방식이 다르다. 만약 아이들이 좀 더 컸을 때 갔다면 하르당에르피오르와 뤼세피오르에 갔을 것이다. 피오르 위에 우뚝 솟은 바위 절벽까지 등산할 수 있기 때문이다. 하지만 아이를 업고 등산할 수 있을 만큼 우리 부부의 무릎이 튼튼한지 확신할 수 없었다. 그래서 가장 유명한 송네피오르와 올레순Ålesund 근처의 예이랑에르피오르에 가기로 정했다. 예이랑에르피오르는 여름에만 갈 수 있어 더 특별했다.

송네피오르 여행: 보스에서 구드방엔까지

△△△

송네피오르는 총 길이가 약 203km로 세계에서 가장 긴 피오르다. 협곡의 양쪽은 경사가 급한 절벽이고, 가장 깊은 곳의 깊이는 무려 1,308m나 된다. 현재 우리나라에서 가장 높은 건물인 롯데월드타워(555m)의 2.5배 정도다. 우리는 예이랑에르피오르를 좀 더 길게 감상할 생각으로 루트를 골랐기 때문에 굳이 배를 오랫동안 타고 송네피오르를 다 볼 필요가 없었다. 나중에 설명하겠지만 이는 아주 탁월한 선택이었다. 우리는 송네피오르의 핵심 구간을 모은 투어 프로그램인 '노르웨이 인 어 넛셸Norway in a Nutshell(노르웨이를 한눈에)'의 루트를 따르기로 했다. 간편하게 교통권을 구매하려 했으나 정해진 시간표를 보니 아이들을 데리고 이동하기에는 여유롭지 않아 보였다. 허둥지둥 쫓기듯이 여행하고 싶지 않아서 루트는 따르되 구간별로 교통편을 각각 예매했다. 기차, 버스, 페리를 모두 검색해야 하는 번거로움은 있었지만 덕분에 예산을 조금 절약할 수 있었다.

우리는 베르겐에서 출발한 다음 송네피오르 중 네뢰이피오르Nærøyfjord 구간을 거쳐 플롬Flåm에서 하룻밤 머물고 돌아오는 일정을 세웠다. 다시 베르겐으로 돌아올 것이기 때문에 커다란 짐은 베르겐 기차역의 보관함에 넣어두고 작은 캐리어에 필요한 것만 챙겨서 피오르 여행길에 올랐다. 투어 프로그램 시간표를 피했더니 관광객이 많지 않아 기차 안이 한산했다. 덕분에 기차를 타고 가는 내내 무척 편안했다. 1시간가량 걸려 보스Voss에 도착했고, 이제 버스를 타고 구드방엔Gudvangen으로 향할 차례였다. 그런데 우리가 예매한 버스의 출발 시간까지 2시간이나 기다려야 했다. 기차에서 버스로 갈아타야 하니 시간을 여유롭게 계산했는데, 와서 보니 5분이면 충분히 갈아탈 수 있는 거리였던 것이다. 시간이 많아 시내 산책을 나서려던 참에 또 비가 내렸다. 마침 보스역 바로 앞에 도서관 겸 문화센터가 있어 그곳에서 비를 피하기로 했다. 역에서 가장 가깝고 호수가 가장 잘 보이는 좋은 장소에 공공 문화센터를 만들었다는 것에 감탄을 금치 못했다.

인구가 1만 5,000명이 채 되지 않는 작은 도시의 문화생활을

송네피오르 이동 루트와 구간별 교통편

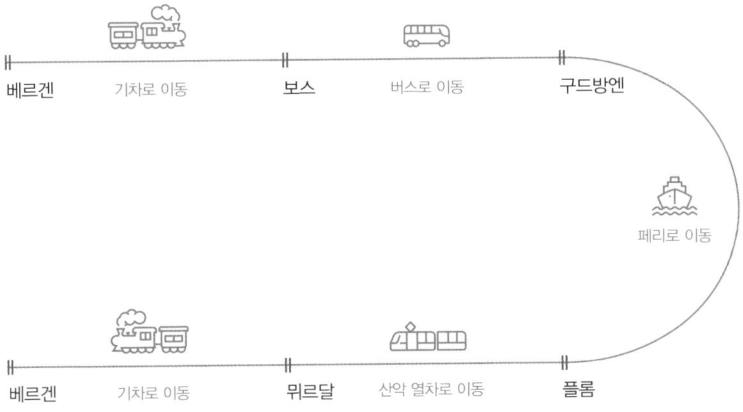

위해 통 크게 투자하는 의식 수준이 부러웠다. 문화센터는 규모가 엄청났고 소장한 자료의 양도 상당했다. 비가 금방 그쳐서 문화센터 옥상정원에 올라가 역 앞에 있는 잔잔하고 넓은 호수를 감상하기도 했다. 이렇게 멋진 호수를 제대로 보지 못하고 떠났다면 아쉬웠을 것이라 이야기하며 우리는 보스에서 만족스러운 시간을 보냈다. 그런데 아무리 기다려도 버스가 오지 않았다. 버스 시간은 이미 지났는데도 말이다. 알고 보니 버스 번호에 착오가 있어서 우리가 타야 하는 버스를 눈앞에서 놓쳤던 것이었다. 다행히 1시간 반 정도 뒤에 오는 다음 버스를 탈 수 있었고, 미리 예약해둔 페리도 어렵사리 시간을 변경할 수 있었다.

다음 버스가 올 때까지 보스역에서 긴 시간 동안 대기해야 했으나 그 덕에 인상 깊은 여행객들을 만났다. 우리와 같이 버스를 놓친 60대의 배낭여행객 부부였다. 그들과 몇 마디 이야기를 나눴다. 그 나이가 되면 패키지여행을 더 선호할 법도 한데, 부부는 자유롭게 피오르를 둘러보는 중이라고 했다. 여타 중년 부부처럼 두 사람 역시 티격태격했지만 그 모습에서조차 서로를 아끼고 있음이 느껴졌다. 나도 이 부부처럼 더 나이가 들더라도 자유로운 여행을 즐기고 싶다고 생각했다. 모든 짐을 버스에 두고 몸만 내렸다는 20대 여행객도 있었다. 너무 다급해 보여서 어쩌다 그랬느냐고 차마 물어볼 수 없었다. 아옹다옹하긴 해도 가족끼리 잔소리를 한마디씩 해가며 챙겨주는 여행이 나을 수도 있겠다는 생각이 들었다.

오랜 시간 기다려 드디어 구드방엔행 버스를 탔다. 버스는 곧 경차도 움직이기 힘들 것 같은 좁은 길을 내려가기 시작했다. 대관령의 도로는 비교도 안 될 만큼 길이 험했다. 버스 창밖으로 보이는 풍경이 예사롭지 않았다. 바닷물이 들어오지 않아 피오르는 아니지만 이곳 역시 빙하로 침식되어 형성된 장관을 자랑했다. 폭포가 보이자 사람들은 저마다 카메라 셔터를 누르고 감탄사를 쏟아냈다. 창문이 있어 답답했다. 창문이 없었더라면 더 좋았겠지만 우리로서는 목이 꺾일 만큼 창문에 얼굴을 가까이 붙이는 방법밖에 없었다. 이 험준한 도로에서는 산사태도 자주 일어난다고 했다. 우리가 도착하기 며칠 전만 해도 폭우가 내려 도로가 폐쇄되었고, 이제 겨우 한 차선을 복구해 버스 운행이 재개된 상태였다. 도로 복구 작업이 계속되고 있어 예정 시간보다 조금 더 걸려 구드방엔에 도착했다. 이번에는 페리를 기다려야 했다. 의도치 않게 길게 머물게 되었음에도 구드방엔이 너무 아름다워 시간이 전혀 아깝지 않았다. 사실 구드방엔에는 휴게소를 겸한 작은 페리 터미널뿐이다. 그래서 어떤 이에게는 지루하고 심심한 곳일 수도 있다. 그렇지만 우리 가족은 자연에서 노는 것에 익숙해서 이곳저곳 누비며 구드방엔을 만끽했다. 눈앞에 펼쳐진 피오르를 바라보며 "버스를 놓치는 것도 나쁘지만은 않네"라고 말하는 여유까지 부렸다.

구드방엔에서 출발하는 마지막 페리에 올랐다. 시간이 늦어 여행객이 별로 없었다. 우리를 태운 페리는 터미널을 벗어나 송네피오르 중 아름답기로 유명한 네뢰이피오르로 미끄러져 들어갔다. 네뢰이피오르는 유럽에서도 가장 좁은 피오르 구간이며 유네스코 세계자연유산에도 포함된 곳이다. 구불구불한 피오르 사이를 지날 때는 산꼭대기의 만년설에서 눈을 뗄 수 없었다. 사진을 한 장이라도 더 남기기 위해 셔터를 마구 눌러대다가 실제 피오르를 그대로 사진에 담을 수 없음을 깨달았다. 아무리 대단한 사진작가가 와서 찍어도 눈앞의 피오르보다 더 멋진 사진을 남길 수는 없을 것이다. 페리로 이동하는 시간이 2시간 남짓이라 계속 선상에 머무르며 피오르를 감상하고 싶었다. 하지만 날씨가 너무 좋지 않았다. 차가운 바람이 매섭게 불었고, 이따금 소나기까지 내렸다. 여름인데도 몸이 덜덜 떨릴 만큼 추웠다. 피오르를 조금도 놓치고 싶진 않았으나 결국 선실로 들어와야 했다. 창밖을 내다보다가 비가 덜 내리면 밖으로 나가서 주변 풍광을 즐기고, 빗줄기가 거세지면 다시 들어오기를 반복했다. 날씨가 추우니 따끈한 국물이 간절했다. 마침 배 안에서 '미스터 리Mr.Lee 라면'을 팔고 있었다.

북유럽에서 라면은 인기 있는 식품이 아니지만 노르웨이는 예외다. 노르웨이의 라면왕 이철호 회장 덕분이다. 그는 한국전쟁 때 큰 부상을 입었는데, 우연한 기회에 노르웨이에 치료를 받으러 왔다가 정착하게 되었다. 이철호 회장은 수십 차례에 걸친 수술로 다리가 불편했지만 궂은일도 마다하지 않고 열심히 생계를 이어갔다. 호텔 레스토랑에서 일하던 중 주방장의 도움으로 요리 학교에 다녔고, 이후 요리사가 되었다. 잠시 한국을 방문했다가 라면 맛에 반한 그는 노르웨이에도 라면을 알리려 라면 사업을 시작했다. 당시 라면을 처음 본 노르웨이 사람들은 딱딱한 벌레 같다며

사진을 한 장이라도 더 남기기 위해 셔터를 마구 눌러대다가
실제 피오르를 그대로 사진에 담을 수 없음을 깨달았다.
아무리 대단한 사진작가가 와서 찍어도 눈앞의 피오르보다
더 멋진 사진을 남길 수는 없을 것이다.

좋아하지 않았다고 한다. 그럼에도 불구하고 분말수프 개발을 거듭한 끝에 이철호 회장은 마침내 노르웨이 사람들의 입맛을 사로잡았다. 오늘날 노르웨이에서 '미스터 리'는 라면을 대표하는 고유명사처럼 쓰인다. 노르웨이 라면 시장에서 미스터 리 라면은 다른 업체가 넘볼 수 없을 정도로 굳건하게 1위 자리를 지키고 있다. 창밖의 피오르를 감상하며 라면을 먹었다. 이철호 회장을 떠올리니 할아버지가 끓여준 것 같이 친근했다. 이철호 회장의 얼굴을 캐릭터화해서 포장지에 넣은 것도 그런 친근함에 큰 역할을 했다. 맛이 순해서 우리 가족 모두 맛있게 먹었다. 우리를 태운 페리는 네뢰이 피오르를 돌아서 애울란피오르Aurlandsfjord를 지나 플롬에 멈춰 섰다.

송네피오르 여행: 플롬에서 뮈르달까지

플롬에 도착했을 때는 예상보다 한참 늦은 저녁이었다. 모두 피곤하고 배고픈 상태라 노천시장에서 피시 수프를 허겁지겁 먹었다. 지금까지 먹어본 피시 수프 중 단연 최고였다. 플롬 마을은 정말 작다. 마을 중심에 있는 관광 안내소 주변으로 숙박 시설과 식당 몇 곳, 하나뿐인 식료품점이 보인다. 어찌나 아담한지 마을 전체를 한 번에 슥 훑어볼 수 있다. 피오르를 보기 위해 매년 수십만 명의 관광객들이 이 작은 마을 찾는다. 플롬은 고개를 돌려 어느 곳을 봐도 높은 산이 둘러싸고 있다. 마을의 모양이 조그마한 새 둥지와 꼭 닮아서 장엄한 피오르 산세가 위엄 있게 느껴지기보다는 아늑

하고 포근했다. 그 풍경 속에서 커다랗고 험악하게 생긴 트롤이 홀로 툭 튀어나와 있었다.

나는 영화 〈반지의 제왕〉과 〈해리 포터와 마법사의 돌〉에서 '트롤'을 처음 봤다. 워낙 오래전에 개봉한 영화인 데다가 내용이 방대해서 트롤에 대한 인상이 강하게 남진 않았다. 가장 최근에 본 트롤은 디즈니의 애니메이션 영화 〈겨울왕국〉에 나오는 캐릭터들이었다. 이 영화에 나오는 트롤들은 무리를 지어 돌덩이처럼 굴러다니면서 우스꽝스러운 노래를 부르고 주인공을 위기에서 구해주는 착한 괴물들이었다. 이처럼 애니메이션에 등장하는 트롤들은 대부분 귀여웠고, 나에게 트롤은 북유럽 숲속에 사는 친근한 친구 같은 이미지였다. 그런데 노르웨이에서 본 트롤들은 전부 무섭고 못생겼다. 기념품 가게뿐 아니라 일반 상점이나 식당에서도 트롤을 흔히 볼 수 있다. 자꾸 보면 익숙해질 만도 한데 너무 괴상해서 볼수록 이상했다.

> "사람들은 항상 자연현상에서 답을 찾으려고 해. 트롤이 모든 일의 원인이라고 생각하면 쉽게 답을 얻을 수 있는데 말이야. 다리의 가운데가 무너졌어. 트롤이 머리로 콘크리트를 받아버려서 그렇게 된 거라면 이해가 되지."
>
> — '트롤 사냥꾼 한스의 이야기', 영화 〈트롤 헌터〉(2010) 중에서

트롤은 북유럽 신화와 전설에 등장하는 거대한 괴물이다. 전설에

수많은 여행객들이 거쳐 가는 마을 플롬

따라 트롤의 모습은 조금씩 다르고, 영화나 게임 등에서도 다양하게 변형되어 다뤄졌다. 난쟁이족으로 표현되기도 하지만, 대부분 흉측한 외모에 덩치가 엄청나고 인간에게 해를 끼치는 종족으로 묘사된다. 허구의 상황을 실제 상황처럼 꾸민 페이크 다큐멘터리 영화 〈트롤 헌터〉는 트롤을 구체적이고 명확하게 설명해주는 편이다. 영화에 나오는 트롤에 대한 정보는 다음과 같다. 트롤은 밤에만 활동하며 1,000~1,200년 정도 산다. 크게 마운틴 트롤과 포레스트 트롤로 나뉜다. 머리가 3개 달리고 키가 100m에 달하는 것도 있다. 전설과는 달리 트롤은 지능이 거의 없다. 그저 닥치는 대로 먹어치우는 포식자에 불과하다. 태어난 지 10~15년 무렵에 딱 한 마리의 새끼만 낳는 포유류이며, 나이가 들면 돌로 변한다. 태양빛에 노출되면 몸이 터져 죽게 된다. 〈트롤 헌터〉의 주인공들은 노르웨이의 산과 피오르 근처를 헤매며 트롤을 찾는다. 영화 속 배경이 되는 지역이 내가 여행 중인 플롬에서 멀지 않다. 내가 잠든 밤에 숙소 주변에 트롤이 돌아다니고 있을 수도 있다!

다음 날 아침 눈을 떠 플롬을 보다 가깝게 즐기기 위해 가벼운 하이킹에 나섰다. 플롬 관광 지도에는 하이킹을 할 수 있는 아홉 가지 코스가 표시되어 있었다. 제일 완만한 1번 코스로 가보기로 했다. 산 중턱에 오르니 플롬이 한눈에 내려다보였다. 작고 아름다운 이 마을을 떠나기가 싫어졌다. 언젠가 트롤이 나타나 망가트려버릴지도 모른다는 생각에 마을의 풍경을 오래도록 바라보며 눈에 담았다.

주변의 피오르와 폭포를 보려면 꼭 거쳐야 하는 마을이다 보니 플롬에는 자연스럽게 철도가 발달했다. 플롬과 뮈르달Myrdal을 연결하는 관광용 산악 열차 플롬스바나Flåmsbana는 1940년에 개통되었다. 험준한 산악 터널과 깊은 협곡 때문에 20년에 걸쳐 어렵게 완공했다. 우리도 진한 초록색으로 칠해진 플롬스바나를 탔다. 사람들은 피오르를 더 잘 보려면 어떤 방향에 앉는 것이 좋을지 이야기하며 서둘러 열차에 올라 자리를 잡았다. 플롬에서 뮈르달로 갈 때는 오른편에 앉는 것이 좋다고 했다. 플롬스바나는 피오르 협곡 사이를 뚫고 지나갔다. 까마득한 절벽에 매달려 피오르의 중앙을 가로지르는 환상적인 경치를 볼 수 있었다. 거대한 절벽이 성큼성큼 다가왔다. 터널을 하나씩 통과할 때마다 영화처럼 새로운 장면이 한 컷 한 컷 스쳐 지나갔다. 말이 필요 없었다.

황홀한 경치에 정신이 팔려 있을 때 갑자기 열차가 멈췄다. 플롬스바나 산악 열차 여행의 꽃이라고 할 수 있는 쇼스포센Kjosfossen 폭포에 도착한 것이다. 정차 시간이 5분밖에 되지 않아 얼른 내렸다. 폭포 한가운데에 서서 엄청난 굉음과 함께 떨어지는 물줄기를 만날 수 있는 놀라운 순간이었다. 피오르가 형성되면서 만들어진 쇼스포센 폭포는 90m가 넘는 높이의 거대한 규모를 자랑한다. 그때, 어디선가 묘한 음악이 들렸다. 폭포 소리에 묻혀 희미했지만 음악이 들려오는 쪽으로 고개를 돌렸다. 폭포 옆 바위 위에서 빨간 옷을 입은 사람이 물보라를 배경으로 춤을 추고 있었다. 처음에는 관광 상품인 줄 알았다. 노르웨이와는 어울리지 않는 인

쇼스포센 폭포의 장엄한 풍광

위적인 모습이라는 생각에 피식 웃음이 나왔다. 알고 보니 노르웨이 발레 학교의 학생들이 펼치는 짧은 공연이었다. 노르웨이 전설 속에 등장하는 요정 훌드라Huldra를 표현한 것이라고 했다.

'비밀'이라는 뜻의 이름을 지닌 훌드라는 마법에 걸려 꼬리가 생긴 아름다운 여인이다. 자유를 얻기 위해 사람들을 숲속으로 꾀어내며 목숨을 뺏기도 한다. 전설에 의하면 훌드라는 꼬리를 떨어뜨리려고 남자를 유혹해서 결혼식을 올리려 했는데 결혼식 직전에 정체가 발각되어 실패했다고 한다. 훌드라는 비나 안개를 사용해 사람들을 홀린다. 쇼스포센 폭포에 머무는 시간은 짧지만 폭포 주변 물안개 사이에 숨어 있을지도 모르는 훌드라를 조심해야 한다. 훌드라에게 홀려도 알아채지 못할 정도로 폭포의 풍광이 환상적이기 때문이다.

산악 열차가 뮈르달역에 도착했다. 우리는 뮈르달에서 보스를 거쳐 베르겐으로 돌아가는 일반 기차를 탔다. 산악 열차처럼 극적으로 아름답지는 않아도 창밖 풍경은 충분히 멋졌다. 기차에서 내려 제대로 감상하고 싶은 마음이 몇 번이나 들었다. 송네피오르 여행을 모두 마치니 기차와 버스, 페리, 산악 열차 중 어느 하나라도 놓쳤다면 무척 아쉬웠겠다는 생각이 들었다. 저마다 다른 감동을 안겨주었으니 말이다. 2시간 정도 기차를 타고 다시 베르겐으로 돌아와 올레순행 페리를 타기 위해 짐을 챙겼다.

예이랑에르피오르 여행: 페리를 타고 올레순으로

△△△

베르겐에서 후르티그루텐Hurtigruten 페리를 이용해서 올레순까지 이동하기로 했다. 상당히 고가였지만 하룻밤 자면서 이동할 수 있고, 가는 길에 예이랑에르피오르까지 볼 수 있어 교통비와 숙박비, 피오르 관람비를 한 번에 해결하는 셈이었다. 송네피오르는 교통수단을 열심히 바꿔가며 감상했다면 예이랑에르피오르는 대형 페리를 타고 여유롭게 즐겨보는 것이 좋을 듯했다. 결과적으로 후르티그루텐 페리는 꽤 괜찮은 선택이었다.

항구 앞 슈퍼마켓에서 간식거리를 조금 산 뒤 페리에 올랐다. 떠나기 전에 베르겐을 보려고 선상으로 나왔다. 그런데 먹구름이 몰려오더니 엄청난 폭우가 쏟아졌다. 베르겐이 비의 도시라는 것을 다시 한번 체감했다. 객실에서 한숨 자고 눈을 뜨니 이미 배는 올레순에 정차했다가 예이랑에르피오르로 향하고 있었다. 노르웨이 여행 내내 밝은 날이 없었는데 드디어 쨍쨍한 태양을 만났다. 이게 얼마 만에 쬐는 햇빛인지! 예이랑에르피오르를 감상하기 위해 배 위로 올라가 볕이 잘 드는 곳에 자리를 잡았다. 후르티그루텐 페리는 참 조용했다. 화려하게 꾸며져 있지는 않아도 자연을 있는 그대로 감상할 수 있어 좋았다.

예이랑에르피오르 안쪽으로 들어갈수록 협곡의 폭이 점점 좁아지고 보다 섬세한 피오르가 나왔다. 예이랑에르피오르에서 가장

예이랑에르피오르에서 가장 유명한 크니브스플로포센 폭포

유명한 폭포인 크니브스플로포센Knivsflåfossen 폭포를 마주했다. 산꼭대기에서 일곱 줄기의 얇은 폭포가 흘러내려 세븐시스터스 폭포라고 불리기도 한다. 그런데 아무리 세어봐도 물줄기가 모자랐다. 날씨와 계절에 따라 물줄기의 개수가 달라지기 때문이었다. '세븐시스터스'는 아니었지만 벼랑 틈새를 타고 흐르는 폭포는 너무나 매력적이었다. 피오르 끝에 도착한 페리는 다시 5시간 정도 항해하여 올레순으로 돌아간다. 거의 하루 종일 배에서 계속 머물러야 하니 혹시 너무 지루하지는 않을까 걱정되었다. 그래도 이렇게 마음껏 피오르를 감상할 기회가 언제 또 생기랴. 이미 한 차례 둘러본 풍경인데도 돌아가는 내내 감탄이 나왔다. 좀 더 느긋하게 예이랑에르피오르를 온몸으로 느낄 수 있었다. 따사로운 햇살에 선선한 바람까지 더해져 신선놀음이 따로 없었다.

잿더미 위에 다시 세워진 아르누보 도시, 올레순

노르웨이 여행을 계획할 때 가장 기대했던 도시인 올레순에 도착했다. 나는 우연히 본 사진 한 장에 매료되어 올레순에 가기로 마음먹었다. 사진 속의 아름다운 회색 도시를 잊을 수가 없었다. 7개의 섬으로 이루어진 올레순은 1904년 큰 화재가 일어나 도시 전체가 타버렸던 곳이다. 새벽 2시에 젖소가 횃불을 발로 찼는데 바람이 불어 순식간에 주변의 목조 건물들로 불이 옮겨붙었다. 다행히 사망자는 한 명밖에 나오지 않았으나 도시는 잿더미가 되었고, 1만

명이 넘는 사람들이 살 곳을 잃어버렸다. 어찌나 피해가 컸던지 독일 등 다른 나라들도 복구 작업을 지원했다. 또한 도시 재건을 위해 50여 명의 젊은 도시계획가와 건축가들이 모였다. 그들은 당시 유럽을 중심으로 유행한 '아르누보Art Nouveau' 스타일로 도시를 재건하기로 했다.

1895년경부터 전성기를 누린 아르누보는 전통적 양식을 탈피하여 새로운 것을 추구하는 양식을 일컫는다. 아르누보란 프랑스어로 '새로운 예술'이라는 의미다. 주로 자연에서 영감을 얻어 유연한 선과 형태를 사용하고 유기적인 모양의 장식을 더한다. 폐허가 되었던 올레순은 3년 만에 아르누보 도시로 재탄생했다. 아르누보 양식은 전 세계적으로 유행했으나, 이후 사회성과 기능을 중시하는 풍조가 강해져 그리 오래가지는 못했다. 때문에 도시 전체에 아르누보 양식을 입힌 올레순의 가치가 더욱 높게 평가된다. 역사학자들은 결과적으로 화마가 도시 발전에 큰 도움을 주었다고 이야기하기도 한다.

마침내 페리에서 내렸다. 먼저 고개를 들어 올레순의 하늘을 봤다. 베르겐보다 더 높은 위도에 있는 곳이라 먼 곳의 해안선은 구름과 맞닿아 있었다. 숙소에 짐만 내려놓고 올레순의 풍경을 본격적으로 보기 위해 악슬라Aksla 전망대로 향했다. 전망대로 가는 도중에도 틈틈이 올레순을 살펴보았다. 도시를 재건할 때 화재에 대비해 석조 건물들로 지었다는 것을 알 수 있었다. 아르누보 양식이 벽, 문, 창문 등 건물의 외관에서 드러났고, 발코니나 문 옆 장식

화재로 전소되었다가 건축가들의 손에 아르누보 도시로 재탄생된 올레순의 전경

등 작은 부분에서도 발견되었다. 노르웨이 문화유산 관리국에서 올레순을 대표하는 아르누보 건물 10채를 미래문화유산으로 선정해 관리하고 있기도 하다. 나는 무엇보다도 전체 도시의 색깔이 너무 좋았다. 건물의 벽은 대부분 차분한 파스텔컬러로 칠했는데, 중간중간에 포인트가 될 만한 색도 곁들여 심심하지 않았다. 화재의 잿더미를 상징하듯 지붕은 모두 진한 회색이다. 도시의 통일감 있고 안정적인 색채를 유지하기 위해 올레순에서는 시의 허가 없이 아르누보 양식 건물의 디자인을 바꾸거나 색을 새로 칠할 수 없다.

악슬라 전망대는 차로 올라갈 수도 있고 하이킹 코스를 따라 걸어서 갈 수도 있다. 우리 가족은 418개의 계단으로 이뤄진 길을 선택했다. 바쁜 일정에 저녁도 미처 먹지 못한 상태로 아이들을 데리고 계단을 오르는 일이 쉽진 않았다. 중간에 마련되어 있는 의자에 앉아 쉬어가면서 한 걸음씩 옮겼다. 뒤를 돌아보니 사진으로 봤던 그 풍경이 보이는 듯했다. 오후 9시가 거의 다 되어서야 전망대에 도착했다. 북유럽의 여름답게 이제야 해가 서서히 넘어가고 있었다. 도시와 그 도시를 감싼 바다, 바다 위에 떠 있는 섬들이 모두 은은한 석양 속에서 반짝거렸다. 그림 같은 도시 전경을 실제로 마주하니 너무나 아름다워 가슴이 벅차올랐다. 사실 나는 '그림 같은 도시'라는 표현을 그다지 좋아하지 않는다. 어떤 길이나 특정 장소 정도는 그림처럼 보일지 몰라도 도시 전체를 그림 같다고 표현하는 것에는 어폐가 있다고 생각한다. 하지만 올레순만큼은 그림 같은 도시라고 불릴 만했다. 아니, 그림보다 더 그림 같은 도시였다.

다음 날 아침 올레순에서 두 번째로 기대했던 장소인 아틀란테르하브스파르켄Atlanterhavsparken 아쿠아리움으로 출발했다. 아쿠아리움에서 마음껏 놀 생각으로 다른 일정을 잡지 않고 오후 시간까지 넉넉히 비워두었다. 우리는 입장한 다음 바로 야외 아쿠아리움으로 나갔다. 펭귄과 물개에게 먹이를 주는 모습을 볼 수 있다고 들었기 때문이다. 야외로 통하는 문을 열자마자 "와~!"하고 탄성

바다를 막아 만든 아쿠아리움, 아틀란테르하브스파르켄

이 절로 나왔다. 탁 트인 바다가 눈앞에 있었는데, 그 수면 위로 물개가 빠끔히 얼굴을 들었다. 바다를 막아 커다란 연못처럼 만든 것이다. 이곳은 일반적인 수족관이 아니었다. 자연과 동일한 환경에서 유유히 헤엄치는 물개가 행복해 보이기까지 했다. 사람들이 물개를 구경하는 것이 아니라 물개가 울타리에 매달린 사람들을 구경하는 것 같았다. 물개와 펭귄의 생활공간은 모두 동물을 중심으로 마련되어 있었다. 날씨도 좋아서 시원한 바닷바람에 따스한 햇살이 가득했다.

'대서양Atlanterhavet 공원'이라는 명칭에 걸맞게 실내에서는 노르웨이 주변 북대서양과 피오르 해저에 서식하는 다양한 해양생물들을 볼 수 있다. 고위도 수역에서만 사는 특이한 어종도 있었다. 특히 액티비티 룸Activity Room이 즐거웠다. 물에 손을 넣어 바닷가재, 게, 작은 물고기 등을 직접 만질 수 있었다. 많은 아이들이 손을 담근 채 놀고 있는데도 물이 깨끗한 것이 의아했다. 직원에게 물어보니 해수가 24시간 동안 순환하며 공급된다고 했다. 액티비티 룸뿐만 아니라 아쿠아리움 안에서 사용되는 물은 모두 노르웨이의 바닷물이었다. 액티비티 룸은 생물들의 스트레스 방지와 위생 관리를 위해 하루에 1시간씩 한두 번만 운영된다. 우리는 옷이 젖는 것도 모르고 운영 시간이 끝났다는 말을 들을 때까지 푹 빠져 놀았다. 아무리 환경이 좋아도 아쿠아리움 안의 생물들이 자연 속 드넓은 바다에 사는 생물보다 자유롭지는 않을 것이다. 그래도 자연과 사람이 함께할 수 있는 접점을 찾으려 노력한 흔적이 엿보였다.

올레순과 예이랑에르피오르

1. 여객선과 화물선을 운행하는 후르티그루텐 사는 여름(6~8월)에 올레순과 예이랑에르피오르를 거치는 페리를 운영한다. 베르겐에서 출발해 올레순으로 가는 페리를 예약할 때 보면 오후 늦게 올레순에 도착하는 페리는 예이랑에르피오르를 경유하는 노선이라고 설명되어 있다. 이 노선은 22시간이 넘게 걸리지만 천천히 피오르를 감상하기에 좋다.

2. 올레순 중심부에 있는 국립박물관인 유겐스틸센테레(Jugendstilsenteret)에 방문하는 것도 좋은 경험이다. 올레순에서 일어났던 대화재와 도시의 재건 역사, 아르누보 양식과 관련된 사진과 영상을 볼 수 있다.

3. 아틀란테르하브스파르켄에 가려면 일반 버스를 타야 한다. 버스 번호가 같아도 노선이 조금씩 다르니 'Atlanterhavsparken'이라고 적혀 있는지 잘 확인하고, 돌아오는 시간도 미리 알아두는 것이 중요하다. 시내에서 상당히 떨어져 있어 걸어가는 것은 추천하지 않는다.

4장

핀란드

FINLAND

고통을 딛고 문화를 꽃피운

헬싱키

핀란드는 다른 북유럽 국가들과 조금 다르다. 원래 스칸디나비아는 스웨덴, 노르웨이, 덴마크를 칭하는 말이다. 여기에 핀란드와 아이슬란드까지 합쳐 노르딕 국가라고 부른다. 스칸디나비아 3개국은 역사적으로 밀접한 관계를 맺어왔고 언어와 인종이 비슷하다. 이 세 나라 사람들끼리는 조금 어색하긴 해도 각자의 모국어를 사용해 대화할 수 있다. 고맙다는 표현을 예로 들면 스웨덴어로는 'tack', 노르웨이어로는 'takk', 덴마크어로는 'tak'으로 철자와 발음이 유사하다. 그런데 핀란드어로는 'kiitos'! 완전히 다르다. 스칸디나비아 국가들의 언어는 인도유럽어족인 반면 핀란드는 우랄어족 언어를 쓴다. 무수한 변칙이 있는 핀란드어는 배우기 어려운 언

어로 악명이 높다. 우리나라에서 가장 친숙한 핀란드어는 역시 한 광고에 등장한 '휘바휘바'일 것이다. '좋다'라는 뜻의 'hyvä'는 실제로 핀란드인들이 일상에서 자주 사용하는 말이기도 하다.

핀란드는 유럽 국가답지 않다는 평을 종종 듣는다. 그럴 수밖에 없는 것이 핀란드는 스웨덴과 러시아 사이에 끼어 유럽의 다른 나라들처럼 풍부한 역사를 만들 시간이 턱없이 부족했다. 핀란드는 1150년부터 660년간 스웨덴에게 지배당했기 때문에 스웨덴의 사법 및 행정 체계를 따랐다. 그런데 스웨덴이 러시아와의 북방전쟁에서 패배하면서 강대국으로서의 힘을 잃기 시작했고, 반대로 러시아는 영향력을 키워갔다. 나폴레옹전쟁 당시 프랑스의 반대 진영에 있었던 스웨덴은 본래 영국, 러시아와 동맹관계였으나 러시아가 프랑스와 동맹을 맺고 스웨덴령인 핀란드 지역을 침공했다. 결국 스웨덴은 핀란드를 러시아에 넘겨주게 되었다. 이후 1809년부터 1917년까지 핀란드는 러시아의 지배를 받아야 했다. 두 강국의 경쟁 속에서 핀란드만 이리저리 넘겨지며 새우등이 터진 격이었다.

격동의 역사를 고스란히, 수오멘린나 요새

스웨덴, 러시아, 핀란드의 역사가 모두 남아 있는 곳이 수오멘린나Suomenlinna 요새다. 헬싱키Helsinki 시내에서 페리를 타고 15분 정도 가면 수오멘린나섬에 다다른다. 헬싱키 앞바다에 있는 6개의 섬을

수오멘린나는 핀란드어로 '핀란드의 요새'라는 뜻이다.
핀란드가 독립한 뒤에도 수오멘린나 요새는 군사 시설로 사용되었다.
오랫동안 스웨덴과 러시아의 지배를 받았던 핀란드의
아픈 역사가 배어 있는 곳이다.

연결해 만든 섬으로, 유럽 최대의 요새다. 이곳은 핀란드가 스웨덴령이었던 1748년부터 러시아의 공격에 대비해 지어지기 시작해 1772년에 완성되었다. 당시에는 스웨덴어로 요새를 뜻하는 '스베아보리Sveaborg'라고 불렸다. 스웨덴이 러시아에게 핀란드를 빼앗긴 다음에는 100년이 넘도록 러시아군의 주둔지로 사용되었으며, 이름도 '비아포리Viapori'로 바뀌었다. 현재의 이름인 수오멘린나로 불리게 된 것은 러시아의 통치에서 독립한 1917년 이후부터다. 수오멘린나는 핀란드어로 '핀란드의 요새'라는 뜻이다. 핀란드가 독립한 뒤에도 수오멘린나 요새는 군사 시설로 사용되었다. 특히 핀란드 내전(1917~1918)이 벌어졌을 때는 반란자 감옥으로 쓰였다. 핀란드 정부는 1960년대 중반부터 수오멘린나 요새의 군사적 기능을 없애기 시작했고, 1973년에는 완전히 민간 시설로 전환시켰다. 1991년에는 유네스코 세계문화유산으로 지정되었다. 현재 수오멘린나섬에는 약 800명의 주민들이 살고 있다.

그동안 나는 헬싱키를 여러 차례 여행했었다. 그런데 어쩌다 보니 늘 겨울에 가게 되어서 배를 타기가 쉽지 않았고, 시간도 맞지 않아 수오멘린나 요새를 볼 기회를 계속 놓쳤다. 그러다 드디어 여름의 헬싱키를 만나게 되었다. 제일 먼저 수오멘린나섬으로 향했다. 아침 일찍 카우파토리Kauppatori 광장 앞에서 페리를 탔다. 선상에 앉아 멀어지는 헬싱키를 배경으로 사진을 몇 장 찍으면 금세 수오멘린나섬에 도착한다. 돌아갈 배 시간을 확인하고 섬 안으로 걸음을 옮겼다. 섬 초입에는 수오멘린나 교회가 있다. 이 교회는 1854년에 러시아정교회 교회로 지어졌으나 핀란드가 독립한 후 루터교 교회로 바뀌었다. 군더더기 없이 깔끔한 외관의 교회는 현재 항공 및 해상교통의 등대 역할을 겸하고 있다. 굴곡의 역사를 간직하고 있다고 하기에 수오멘린나 요새는 너무나 평화롭고 아름다웠다. 산책을 하다 이곳이 요새라는 사실을 잊어버릴 정도였다. 수오멘린나섬을 이루는 6개의 섬 중 가장 끝에 있는 쿠스탄미에카Kustaanmiekka의 언덕 위에서 대포를 발견하고서야 이곳이 세워진 본래 목적을 떠올리게 되었다. 주변을 둘러보니 바위 위에 누워서 일광욕을 즐기는 사람들이 많았다. 우리도 계단을 따라 언덕 아래로 내려가서 바위틈에 자리를 잡았다. 헬싱키의 여름 바람이 시원하게 스쳤다.

독립을 향한 열망으로 피어난 핀란드의 민족주의

핀란드의 수도는 원래 투르쿠Turku였다. 스웨덴과 가까운 서쪽 해안에 있는 투르쿠는 핀란드에서 가장 오래된 도시로 스웨덴이 지배하던 시절에 수도 역할을 했다. 한자동맹 시절에는 해상무역으로 크게 번창한 적도 있다. 하지만 핀란드가 러시아의 영토가 되면서 러시아와 더 가까운 헬싱키로 수도를 이전하게 되었다. 러시아는 핀란드에서 스웨덴의 흔적을 최대한 지우고 싶어 했고, 그런 면에서 스웨덴의 특색이 별로 드러나지 않던 헬싱키가 수도로 적격이었다. 헬싱키는 1550년에 당시 스웨덴 국왕인 구스타브 1세 바사에 의해 처음으로 도시의 형태를 갖추게 되었다. 이후 크게 성장하지 못하다가 1812년에 수도가 되면서 빠르게 발전했다. 그래서 헬싱키는 다른 유럽 국가들의 수도에 비해 역사가 매우 짧다.

러시아가 지배하기 시작한 1800년 초부터 핀란드에서 본격적으로 민족주의가 피어나기 시작했다. 핀란드의 민족운동을 이끈 대표적인 인물은 역사가 아돌프 아르비드손Adolf Arwidsson이다. 그는 "우리는 더 이상 스웨덴인이 아니며, 우리는 러시아인이 될 수 없다. 우리 모두 다시 핀란드인이 되자"라고 외쳤다. 1835년에는 민속학자 엘리아스 뢴로트Elias Lönnrot가 핀란드의 민족 서사시《칼레발라Kalevala》를 펴냈다. 그는 민속 문학에 관심을 가지고 핀란드 각지에서 내려오는 신화와 전설, 민요 등을 집대성하여 한 편의 서사시

핀란드의 수도 헬싱키. 1812년에 수도로 지정된, 비교적 젊은 도시다.

를 탄생시켰다. 《칼레발라》에는 일관된 줄거리가 없다. 주요 등장 인물로는 최초의 인간인 지혜로운 노인 베이네뫼이넨Väinämöinen과 대장장이 일마리넨Ilmarinen, 방탕한 전사 레민케이넨Lemminkäinen 등이 있다. 《칼레발라》는 공기를 통해 잉태되었다가 너무 오랫동안 어머니의 뱃속에 있었던 나머지 노인이 되어 태어난 베이네뫼이넨의 이야기로 시작된다. 영화 〈반지의 제왕〉에서 길고 흰 수염을 늘어뜨린 마법사 간달프의 모델이 베이네뫼이넨이라고 한다. 《칼레발라》는 핀란드인에게 민족적 정체성을 부여하고 고유문화에 대한 자부심을 갖게 한 매우 중요한 근간이다. 오랜 기간 스웨덴과 러시아의 통치를 받아 스웨덴어가 기본 언어로 통용되던 시대에 핀란드어로 창작된 문학 작품이 등장하면서 핀란드의 문화계는 큰 전환점을 맞았다. 《칼레발라》를 빼고 핀란드의 문화를 이해할 수는 없다고 해도 과언이 아니다.

민족운동은 음악과 결합되면서 핀란드 사람들의 마음에 더 큰 파장을 일으켰다. 이때 가장 중심적인 역할을 한 인물이 작곡가 얀 시벨리우스Jean Sibelius다. 시벨리우스는 어릴 적부터 음악적 재능을 보였으나 가족들의 반대로 대학에서 법학을 전공하게 되었다. 하지만 틈틈이 헬싱키음악원에서 음악 이론과 작곡을 배웠다. 결국 대학을 자퇴하고 본격적인 음악 공부를 시작했으며, 독일로 유학을 다녀온 후 27세부터 모교 헬싱키음악원의 작곡 및 바이올린 교수가 되었다. 그는 주로 조국에 대한 애정을 담은 곡들을 창작했다. 《칼레발라》를 교향시로 만들어 발표하고, 이어 애국심의 결

핀란드의 국민 작곡가 시벨리우스. 핀란드 국민들은 그의 곡인 〈핀란디아〉를 제2의 국가로 여긴다.

정체라 불리는 〈핀란디아〉를 작곡하여 핀란드 국민들로부터 많은 사랑을 받았다. 핀란드에서는 〈핀란디아〉가 제2의 국가처럼 여겨진다. 이 곡을 국가로 지정해야 한다는 의견도 많았다.

핀란드가 러시아에게 지배받던 시기에 태어난 시벨리우스는 조국의 독립에 대한 열망을 고유한 선율에 담아 핀란드의 아름다운 자연이 느껴지는 음악으로 탄생시켰다. 핀란드의 아이들은 시벨리우스의 음악을 듣고 연주하며 핀란드인의 긍지를 배운다. 1967년에는 시벨리우스의 사망 10주기를 기념하여 기념공원이 조성되었다. 헬싱키 도심에서 북쪽 방향으로 조금 더 가면 600여 개의 파이프로 만든 기념비과 시벨리우스 두상이 세워져 있는 시벨리우스 공원 Sibeliuksen Puisto이 나온다. 시벨리우스 두상은 입을 꾹 다물고 있으며 약간 무서울 정도로 무표정하다. 말이 없고 자신의 감정을 잘 드러내지 않는 핀란드 사람들의 성격과 꼭 닮았다. 핀란드 사람들은 과묵해서 내성적으로 보이지만 강인한 내면의 소유자들이라 '외로운 늑대'라고 불리기도 한다.

1900년 이후 핀란드는 독립을 이뤄내기 위해 내전 등 여러 고난을 거쳤다. 이 무렵 러시아는 러일전쟁(1904~1905)에서 패배하고 국내에서 연달아 혁명이 일어나 세력이 약해진 상태였다. 그 틈을 타 핀란드는 1917년에 러시아군을 물리치고 드디어 독립을 선포했다. 이후 20년 동안 평화를 누렸으나 곧 제2차 세계대전이 발발해 독립의 기쁨은 오래가지 못했다. 특히 소련이 핀란드를 침공해 제1차 소련핀란드전쟁(1939~1940)이 일어나 영토를 잃고 수많은 사상자가 발생했다. '겨울전쟁'이라고도 부르는 이 전쟁에서 소련은 승리를 거두기는 했지만 핀란드를 만만하게 본 탓에 피해가 컸다. 겨울전쟁은 핀란드군의 탁월한 능력을 보여준 싸움으로 기록되었다. 또한 이웃에 있는 발트삼국(발트해 동쪽 연안에 있는 에스토니아, 라트비아, 리투아니아를 통틀어 이르는 말)은 1940년 소련에 흡수된 반면, 핀란드는 치밀한 외교전으로 국가를 지켜냈다.

1년 후 독소전쟁(1941~1945)이 발발하자 핀란드는 과거 러시아에 빼앗겼던 영토를 되찾고 국제적 자존심을 회복하기 위해 독일의 편에 섰다. 이에 소련이 다시 핀란드를 공격하면서 핀란드와 러시아의 국경 지대에서 또 한 번 전쟁이 일었다. 이를 제2차 소련핀란드전쟁(1941~1944) 혹은 '계속전쟁'이라 한다. 전쟁 초기에 핀란드는 잠시 선전하며 영토를 되찾는 듯했다. 그러나 미국이 소련을 원조하며 대세가 기울었고, 결국 핀란드는 소련과 휴전협정을 맺어 전쟁을 끝냈다. 패전국이 된 핀란드는 거액의 전쟁배상금을 물어야 했고 전쟁으로 인한 희생도 고스란히 감당해야 했다. 그렇지만 이 전쟁에서 핀란드는 강한 정신력과 쉽게 포기하지 않는 의지를 보여주었다. 종전 후 3억 달러에 달하는 전쟁배상금을 모두 지불하며 제2차 세계대전의 패전국들 중 유일하게 전쟁배상금을 모두 지불한 국가로 기록되었다.

핀란드인의 국민성을 대표하는 말로 '시수Sisu'라는 단어가 있다. 인내, 용기, 악, 깡 등을 모두 아울러 의미하는 말이라고 이해하면 된다. 핀란드의 역사를 들여다보면 강대국들과 얽혀 많은 전쟁을 치렀음에도 짧은 기간에 선진국으로 성장했다는 것에서 엄청난 국가적 저력을 느낄 수 있다.

"여길 점령하면 드디어 집에 갈 수 있어. 집에 가려고 싸우는 거야. 조국과 신념 좋아하네. 내게 주어진 일을 할 뿐이야."

— '전쟁에서 용맹하게 싸우며 혁혁한 공을 세우지만 이는 모두 가족과 고향을 지키기 위한 일이었음을 솔직하게 말하는 로카 상병', 영화 〈언노운 솔저〉(2017) 중에서

핀란드 영화 〈언노운 솔저〉는 제2차 소련핀란드전쟁을 배경으로 한다. 핀란드에서 유로화가 사용되기 전 핀란드 화폐에 실리기도 했던 작가 베이뇌 린나Väinö Linna가 집필한 소설을 영화화했다. 린나는 실제로 제2차 소련핀란드전쟁에 참전했었는데, 그때의 경험을 바탕으로 당시의 상황을 현장감 넘치게 묘사했다. 〈언노운 솔저〉는 일반적인 전쟁 영화와는 조금 다르다. 보통 전쟁 영화는 군인정신으로 무장한 전쟁 영웅을 부각시키며 애국심 불러일으킨다. 이와는 달리 〈언노운 솔저〉는 전쟁의 참상과 그로 인해 드러나는 인간의 나약함에 집중한다. 누군가의 아버지이자 아들이고, 남편

혹은 연인인 사람들이 전쟁에 징집되어 평범한 행복을 되찾기 위해 싸우다 희생되는 전쟁의 비극을 담담하고 솔직하게 그린다.

전쟁 후 남겨진 가족의 삶을 다루는 영화도 있다. 핀란드 작가 헤이키 히에티미에스Heikki Hietamies의 동명 소설을 토대로 만들어진 영화 〈나의 어머니〉다. 제2차 세계대전 당시 7만여 명에 이르는 핀란드 아이들이 중립국인 스웨덴으로 가기 위해 피난길에 올랐다. 영화는 아버지가 전사한 뒤 스웨덴의 한 농가로 보내진 핀란드 아이의 눈을 통해 전쟁의 아픔을 이야기한다. 전쟁으로 헤어져야 했던 핀란드 엄마와 아이, 그 아이를 대신 맡아 키우며 정을 나누는 스웨덴 엄마의 마음도 나타나 있다.

핀란드의 아픈 역사를 담은 영화 〈언노운 솔저〉(왼쪽)와 〈나의 어머니〉. 각각 제2차 소련핀란드전쟁과 제2차 세계대전을 배경으로 한다.

스웨덴은 1814년 노르웨이와의 마지막 전쟁을 치른 뒤 중립국 선언을 하여 두 차례의 세계대전을 피했다. 오늘날 스웨덴에 옛 모습이 대부분 보존되어 있는 이유이기도 하다. 그래서 직접 참전하여 삶과 죽음을 오가면서 고통을 겪은 나라들에 비해 스웨덴이 경험한 전쟁의 고통은 감정적인 차원에 더 무게가 실려 있다. 제2차 세계대전을 배경으로 하는 스웨덴 영화로는 〈라이프 오브 시몬〉이 있다. 영화에는 스웨덴이 체험한 전쟁의 모습이 잘 드러나 있는데, 스웨덴 소설《시몬과 참나무 숲》을 원작으로 만들었다. 〈나의 어머니〉와 〈라이프 오브 시몬〉 모두 시대적 배경이 제2차 세계대전이긴 하지만 전쟁보다는 그로 인해 바뀌었던 사람들의 삶을 다뤘다.

바닷길을 통해 헬싱키로 향하다

다른 북유럽 수도에 비해 헬싱키는 여행지로서 두드러지는 점이 별로 없다. 상대적으로 역사가 짧은 도시일뿐더러 연이은 전쟁을 치르느라 도시를 가꿀 여력이 없었던 것이 그 이유다. 그럼에도 헬싱키는 한국인들에게 낯설지 않은 편이다. 한국 사람들이 헬싱키를 친숙하게 느끼게 된 데에는 일본의 역할이 컸다. 일본에서 핀란드의 대표 캐릭터 무민Muumi / Moomin과 영화 〈카모메 식당〉이 유명해지면서 핀란드에 대한 관심이 커졌고, 우리나라에도 영향을 미쳤다. 인천-헬싱키 직항 노선이 마련되어 있는 것도 한몫했다. 우리

우리가 자주 이용했던 탈링크 실야 라인의 헬싱키행 대형 페리

나라와 북유럽 국가 사이에 운영되고 있는 비행기 직항 노선이 거의 없어 북유럽을 여행하려면 핀란드를 거치는 것이 편하기 때문이다. 스웨덴 스톡홀름과 헬싱키는 꽤 가깝다. 그래서 스톡홀름에 거주하는 동안 우리 가족은 헬싱키를 자주 찾았고, 항상 비행기가 아닌 배를 이용해서 갔다.

스웨덴과 핀란드를 오가는 교통수단으로는 대형 페리가 유용하다. 영화 〈타이타닉〉에 나오는 타이타닉호처럼 거대한 여객선으로, 10층짜리 아파트가 바다 위를 떠다닌다고 이해하면 될 만큼 그 규모가 어마어마하다. 페리 안의 시설은 호텔에 버금간다. 다양한 형태의 객실은 물론, 레스토랑과 바, 면세점, 식료품점, 공연장, 놀이방, 사우나 등 웬만한 시설이 모두 마련되어 있다. 이런 페리를 탄다고 하면 흔히 초호화 럭셔리 여행을 떠올리지만 이곳 사람들에게는 가볍게 콧바람을 쐬는 나들이에 가깝다. 북유럽에서 술값이 워낙 비싸다 보니 술을 면세로 사기 위해 왕복 페리를 타고 주말여행을 떠나는 사람들이 있을 정도다. 페리를 일상적인 교통수단으로 사용하는 만큼 가격도 저렴하다. 미리 예약만 잘하면 4인용 객실을 10만 원도 안 되는 가격에 이용할 수 있다. 그래서 우리 가족도 자주 이용할 수 있었다. 파란색과 흰색으로 칠해진 페리는 핀란드 국기를 떠올리게 하여 탑승하는 순간 핀란드에 이미 도착한 듯한 착각이 들고는 했다.

발트해를 누비는 대형 페리들

스웨덴과 핀란드, 그 밖에 발트해 주변 도시인 탈린(Tallinn)과 리가(Riga) 등을 연결하는 대형 크루즈 선박으로는 탈링크 실야(Tallink Silja) 라인과 바이킹 라인이 있다. 운항사와 출발 항구만 다르고 배의 구조나 여행 프로그램, 일정 등이 거의 비슷하다. 둘 중 무엇을 선택하든 큰 차이는 없다. 우리 가족은 주로 탈링크 실야 라인을 이용했다. 크루즈 선을 타는 것을 유난히 좋아하는 아이들 덕에 자주 크루즈를 타고 주변 국가를 여행했다. 특히 헬싱키행 페리가 가장 크고 시설이 좋았다. 탈링크 실야 라인은 본래 핀란드 회사였다가 에스토니아의 해운 업체가 인수했다. 크루즈 선박 티켓은 홈페이지를 통해 예매하는 것이 가장 저렴하다.

러시아 지배기의 흔적이 보이는 두 성당

△△△

스톡홀름에서 출발하여 17시간 정도 배를 탔고, 다음 날 오전 10시 반쯤 헬싱키에 도착했다. 항구에서 시내까지 그리 멀지 않아 천천히 걸어갔다. 해안을 따라 걷다 보니 저 멀리 헬싱키를 상징하는 헬싱키 대성당Helsingin Tuomiokirkko과 우스펜스키 대성당Uspenskin Katedraali이 보인다. 두 성당은 모두 러시아 지배기에 지어졌는데, 외관이 무척 다르다. 헬싱키 대성당은 흰색 외벽에 푸른색 돔 형태 지붕이 올라가 있는 핀란드 루터교 성당이다. 스웨덴에서 처음 받아들인 뒤 핀란드에도 전파된 루터교는 16세기 부패한 로마가톨릭교에 반발하여 독일의 마틴 루터Martin Luther가 일으킨 종교 개혁에서

핀란드 루터교의 상징 헬싱키 대성당

시작된 종파다. 기존 가톨릭과 예배 형식은 비슷하나 검소함과 온건함을 미덕으로 삼는다. 오늘날 대부분의 핀란드인이 루터교에 속한다. 여성 성직자를 허용하는 것도 루터교의 특징 중 하나다. 스웨덴에서는 1997년에 첫 여성 주교가, 2013년에 첫 여성 대주교가 선출된 바 있다. 루터란 대성당이라고도 불리는 헬싱키 대성당은 독일인 카를 엥겔Carl Engel이 설계한 것이다. 당시 러시아의 수도였던 상트페테르부르크Sankt Petersburg에 있는 성당을 모델로 삼아 1830년 착공하여 1852년 완공되었다. 러시아 황제 니콜라이 1세Nikolai I에게 바치기 위해 건립된 것이라 핀란드 독립 전까지는 성 니콜라이 성당이라고 부르기도 했다.

엥겔은 헬싱키 대성당 앞 원로원 광장Senaatintori과 주변 건물도 설계했다. 원로원 광장은 투르쿠에서 헬싱키로 수도를 이전할 때 러시아 황제의 명령으로 1818년부터 조성되었다. 원래 일반 주거지였던 광장 주변에는 현재 각종 정부 청사, 헬싱키 국립도서관, 헬싱키 대학 등이 위치해 있다. 광장은 핀란드의 주요 국가 행사나 축제를 개최하는 상징적인 장소가 되었다. 그런데 아이러니하게도 광장 중심에 서 있는 동상의 주인공은 핀란드인이 아니다. 러시아 황제 알렉산드르 2세Aleksandr II다. 알렉산드르 2세는 니콜라이 1세의 장남으로, '해방 황제'라고 불리는 개혁 군주다. 그는 사회 전반을 아우르며 다양한 자유주의적 개혁을 이뤘다. 이러한 시도는 러시아의 지배하에 있던 핀란드에도 많은 영향을 끼쳤다. 알렉산드르 2세는 핀란드가 입헌군주국 형태로 의회를 소집하여 자국의 문제를 스스로 결정하게 했으며, 언론의 자유도 일부 보장해주었고, 군대를 유지할 수 있게 했다. 이처럼 핀란드에 많은 자치권을 부여해준 알렉산드르 2세는 1881년 러시아 급진 혁명조직원들의 폭탄 테러로 숨졌다.

이에 핀란드 의회는 자발적으로 원로원 광장에 알렉산드르 2세의 동상을 세웠다. 핀란드에게 의미 있는 군주였을 테니 당시에 동상을 세운 것은 이해된다. 하지만 100년이 지난 지금까지 광장 중심에 러시아 황제의 동상을 그대로 두는 것은 좀 이상하게 여겨진다. 실제로 독립 이후 동상을 철거해야 한다는 목소리가 나오기도 했다. 그러나 알렉산드르 2세의 동상은 여전히 광장의 한가운데에 당당히 서 있다. 핀란드와 관련된 표현 중 핀란드 사람들이 모욕적으로 느끼는 '핀란드화suomettuminen'라는 말이 있다. 강대국, 주로 러시아를 대할 때 최대한 상대를 자극하지 않고 불합리하더라도 수용하는 핀란드의 외교정책을 비꼬는 표현이다. 이미 지나간 과거이니 관대하게 역사를 받아들인다고 해야 할지, 강대국을 대하는 생존 전략이라고 해야 할지 핀란드의 속내를 완벽히 들여다보기란 어렵다.

헬싱키 대성당에서 다리 하나만 건너면 우스펜스키 대성당이 나온다. 이름이나 외관만 봐도 러시아의 영향을 받았다는 것을 알 수 있다. 1868년, 러시아의 건축가에 의해 지어진 러시아정교회 교회다. 러시아가 100년이 넘도록 핀란드를 지배했는데도 현재 핀란드에는 정교회 신자가 전체 인구의 1% 정도밖에 되지 않는다. 이

북유럽 최대의 러시아정교회 교회인 우스펜스키 대성당

를 보면 러시아가 핀란드에 상당한 자치권을 보장해주었음을 확인할 수 있다. 우스펜스키는 '성모의 영면永眠'을 뜻하는 러시아어로, 러시아의 성당 중에도 이름에 우스펜스키가 들어간 곳이 많다. 러시아정교회의 교회들이 으레 그렇듯 우스펜스키 대성당의 꼭대기에도 양파 모양 돔이 얹어져 있다. 헬싱키 대성당 내부는 소박한 반면 북유럽 최대 정교회 교회인 우스펜스키 대성당의 내부는 무척 화려하다. 석양이 드리울 때쯤 우스펜스키 대성당에 올랐다. 건너편으로 헬싱키 대성당이 보인다. 나만의 착각일 수도 있겠지만 두 성당이 서로 눈치를 보고 있는 듯해서 애잔했다.

북유럽 모더니즘 디자인을 이끈 알바 알토의 세계

헬싱키는 유서 깊은 역사를 가진 도시는 아니지만 전쟁 이후 건축, 디자인, 음악 등 현대 예술이 크게 발전된 곳이다. 북유럽의 디자인은 간결하고 실용적인 동시에 일상생활과 밀접하게 연결되어 있다. 헬싱키 중심가로 들어오면 북유럽 디자인을 만날 수 있는 곳이 많다. 핀란드 출신의 디자이너 겸 건축가인 알바 알토Alvar Aalto는 북유럽 디자인을 소개할 때 빼놓을 수 없는 거장이다.

북유럽의 모더니즘 건축과 디자인, 도시계획을 대표하는 알토는 1898년 핀란드의 고위층 집안에서 태어나 아름다운 자연 속에서 자랐다. 그리고 어릴 때부터 함께한 숲과 나무에서 영감을 얻어 자신의 건축과 가구 디자인에 접목시켰다. 알토는 헬싱키 공과대학에서 건축을 전공하고 유럽을 여행하던 중 기능주의 건축에 매료되었다. 30살에 투르쿠에 위치한 파이미오Paimio 요양원 디자인 공모전에 당선되었고, 이를 계기로 유명해지기 시작했다. 파이미오 요양원을 설계할 때 알토는 건물 외관뿐만 아니라 내부 인테리어까지 통합적으로 디자인했다. 특히 가구와 손잡이 등 세세한 부분까지 사용자를 고려해 만들었다. 그중 대표작인 〈파이미오 팔걸이의자 41〉과 〈스툴 모델 60〉은 나무를 서서히 구부리는 기법을 개발해 목재에 유연한 곡선을 더한 것인데, 디자인 역사에 한 획을 그은 작품으로 평가된다. 알토는 핀란드의 전통에서 아이디어를 얻어 나무를 활용하되, 곡선의 미를 살림으로써 북유럽 특유의

북유럽 모더니즘 디자인의 선구자 알바 알토와 그의 대표작들. 왼쪽부터 〈사보이 화병〉, 〈스툴 모델 60〉, 〈파이미오 팔걸이의자 41〉

간결함과 기능성을 극대화했다. 1935년에는 부인 아이노 알토 등 3명의 동업자와 함께 가구 디자인 회사 아르텍Artek을 설립했다. 아르텍은 'art'와 'technology'를 합친 것이다. 아르텍은 지속가능한 디자인을 통해 사람들의 라이프스타일을 향상시키는 데 목표를 두었다.

자신의 건물에 어울리는 가구와 조명을 설계하기 위해 시작한 인테리어 디자인 분야에서 명성을 떨쳤지만 알토는 본래 건축가였다. 핀란드가 독립한 후에는 건축을 통해 핀란드의 새로움을 보여주려 했고, 제2차 세계대전 이후에는 건축가의 사회적 책임에 대해 고민하며 조립식 주택 개발에 많은 시간을 투자했다. 헬싱키의 중앙역 뒤쪽 길을 따라 올라가면 1963년에 알토가 설계한 핀란디아 홀Finlandia Talo이 있다. 시벨리우스의 교향시 〈핀란디아〉에서 따서 이름을 붙인 건물로, 주요 국제회의와 음악회가 열리는 컨벤션 센터다. 깔끔한 백색 건물과 눈부시게 파란 하늘이 어우러진 풍경이 핀란드를 연상시킨다. 아침 일찍 핀란디아 홀을 지나 퇴욀뢴라티Töölönahti 만에 도착했다. 바다와 연결되어 있는 만이지만 도심 깊숙한 곳에 있어 호수로 착각하기 쉽다. 추운 겨울이라 꽁꽁 싸매도 얼굴을 스치는 차가운 기운을 피할 수 없었다. 하지만 눈이 얇게 쌓인 산책로를 거닐며 햇빛을 받은 수면이 반짝이는 것을 보는 순간 기분이 맑고 시원해졌다. 고즈넉한 퇴욀뢴라티 만의 모양은 알토가 만든 〈사보이 화병〉과 꼭 닮았다. 알토 특유의 곡선의 유려함이 느껴지는 사보이 화병은 80년이 넘도록 꾸준히 사랑받고 있다. 인간과 자연을 함께 담아낸 디자인의 생명력은 영원하다.

> "그냥 찍었어요. 어디로든 떠나고 싶어서 세계지도를 펼친 다음 눈을 감고 아무 데나 찍었죠. 그곳이 바로 핀란드였어요. 그렇게 어제 막 도착해서 지금 여기 있는 거예요."
>
> — '카페 알토에서 처음 만난 두 주인공이 나누는 대화', 영화 〈카모메 식당〉(2006) 중에서

헬싱키 시내에는 알토의 숨결을 느낄 수 있는 곳이 하나 더 있다. 북유럽 스타일을 마음껏 즐길 수 있는 쇼핑가 알렉산테린Aleksanterin

알바 알토의 디자인적 감각이 느껴지는 아카테미넨 서점. 영화 〈카모메 식당〉에서
두 주인공이 처음 만나게 되는 장소다.

거리 끝에 있는 아카테미넨 서점Akateeminen Kirjakauppa이다. 헬싱키 스톡만 백화점 바로 옆에 있어서 찾기 쉽다. 알토가 설계한 서점인 아카테미넨 서점은 내가 헬싱키에 갈 때마다 반드시 들르는 곳이다. 책을 구입한 다음 서점 2층에 있는 카페 알토로 자리를 옮겼다. 이 카페는 헬싱키를 배경으로 한 일본 영화 〈카모메 식당〉에서 두 주인공이 처음 만나는 장소이기도 하다. 커피를 주문하고 '골든벨 조명'으로도 잘 알려진 알토의 〈A330 Pendant Lamp〉 아래 테이블에 앉았다. 카페에서는 아담한 서점 내부가 한눈에 내려다보인다. 아카테미넨 서점은 소박하면서도 우아하게 디자인되었다. 책장을 넘기는 모습을 형상화한 천장 유리창으로 들어온 빛이 지붕을 타고 서점 안으로 퍼진다. 기능적인 면을 강조한 단순한 형태에서 거장의 감각이 느껴진다. 디자인과 기능성의 조화는 서점의 입구에서도 잘 드러나는데, 키에 상관없이 누구나 쉽게 문을 열 수 있도록 손잡이를 3단으로 만들어두었다. 알토의 디자인은 불필요한 부분을 없애 합리적이면서도 인간과 자연을 모두 품고 있어 유기적이다. 그는 시대를 이끈 모더니즘 건축의 선구자로 인정받고 있다. 2010년에는 헬싱키 예술대학과 헬싱키 경영대학, 헬싱키 공과대학이 합쳐져 알토 대학으로 재탄생되기도 했다.

헬싱키 시내에서 30분 정도만 이동하면 알토의 생가와 작업실을 둘러볼 수 있다. 두 곳 모두 지금도 사용되고 있는데, 각각 정해진 시간에 가이드 동반 투어 프로그램에 참여해야만 입장이 가능하다. 건축의 거장이 가꾼 공간을 구석구석 살펴보는 경험은 꽤

알바 알토가 디자인한 가구들로 채워진 작업실

신선했다. 건축, 인테리어, 디자인에 관심이 있다면 한 번쯤 방문해 볼 만하다. 이보다는 조금 멀리 떨어져 있지만 알토에 대해 더 자세히 알고 싶은 사람들에게는 알바 알토 박물관을 권하고 싶다. 이 박물관은 헬싱키에서 기차로 약 3시간 반 거리에 있는 도시 이위베스퀼레Jyväskylä에 세워졌는데, 이곳은 알토가 학창 시절을 보내고 첫 사무실을 열었던 곳이라 의미가 깊다. 알바 알토 박물관은 알토의 탄생 100주년을 기념해 1998년에 개관했고 그의 생애와 작품들을 두루 관람할 수 있다.

한편, 헬싱키 시내에서 멀지 않은 곳에 자연주의에 실용성을 더한 핀란드의 디자인을 엿볼 수 있는 두 곳의 교회가 있다. 첫 번째는 템펠리아우키오 교회Temppeliaukion Kirkko다. 이 교회는 1933년부터 설계를 공모했지만 제2차 세계대전을 거치며 제대로 시작도 못 해보고 설립이 중단되었다. 시간이 흐르면서 기존의 설계안은 건축비가 많이 들어 경제성이 떨어졌고, 1960년대에 다시 공모를 진행하게 되었다. 건축가 겸 가구 디자이너였던 티모 수오말라이넨Timo Suomalainen과 투오모 수오말라이넨Tuomo Suomalainen 형제의 설계가 당선되어 현재의 교회가 세워졌다. 템펠리아우키오 교회는 '암석 교회'라고도 불리는데, 그 이유는 커다란 바위의 속을 파내 내부 공간을 만들고 그 위에 구리로 만든 돔 지붕을 덮어 지었기 때문이다. 구리 지붕과 바위 벽 사이를 유리로 연결해 만든 원형 띠 모양의 창문을 통해 자연광이 들어온다. 직접 찾아가본 템펠리아우키오 교회는 전혀 교회라고 생각할 수 없을 법한 모습이었다. 입구를

거대한 바위를 깎아 만든 템펠리아우키오 교회의 내부

쉽게 찾을 수조차 없었다. 자연 상태 그대로 다듬어지지 않은 암벽에 둘러싸여 있으니 마치 동굴 안에 앉아 있는 기분이었다. 붉은 구리 지붕과 거친 돌 표면이 어우러진 교회는 연주회장 같기도 했다. 실제로 설계 초기 단계부터 음향 전문가와 지휘자가 참여해 훌륭한 음향 시설을 갖추고 있고, 이곳에서 음악회도 자주 열린다고 한다. 내부 장식은 최대한 단순화하여 자연이 주는 장엄함을 살렸다. 태초부터 이 자리에 있었던 것처럼 주변 환경과 동화되어 스스로를 뽐내지 않는 교회의 모습이 기억에 남았다.

두 번째는 '고요의 교회'라고 불리는 캄피 교회Kampin Kappeli다. 캄피 교회는 나린카 광장Narinkkatori 부근에 있는데, 나린카 광장을 몇 번이나 지나쳤음에도 그곳에 교회가 있을 것이라고는 상상도 하지 못했다. 캄피 교회는 번화한 상업 시설로 둘러싸인 광장 한 귀퉁이에 자리 잡고 있었다. 2012년 완공된 이 교회는 만들어지기 전부터 혁신적인 목재 건축물로 큰 관심을 받았다. 분주한 도시의 소음을 전부 빨아들이려는 듯, 교회는 작은 소용돌이가 휘감은 모양으로 지어졌다. 교회 안으로 들어서면 광장에서의 어지러움은 사라지고 정적이 가득하다. "여기가 교회예요?"라고 묻는 아이들의 목소리가 교회 내에 쩌렁쩌렁 울려서 얼른 아이의 입을 막고 밖으로 나오기까지 했다. 캄피 교회는 귓속말로 작게 속삭이는 소리까지 다 들릴 정도로 아담하다. 오래 머무르지는 못했으나 도시의 가장 활기찬 공간에서 마음의 안정을 찾고 오롯이 나에게 집중하여 자신을 가다듬을 수 있는 시간을 가질 수 있었다.

101번째 핀란드 독립기념일을 하루 앞둔 2018년 12월 5일,

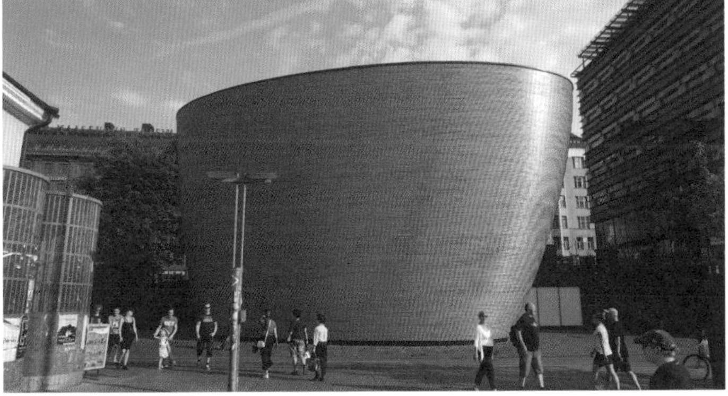

교회라고는 상상도 할 수 없었던 외관의 캄피 교회

가장 헬싱키다운 건축물이라 부를 만한 곳이 새로 문을 열었다. 바로 오오디 헬싱키 중앙도서관 Helsingin Keskustakirjasto Oodi 이다. 중앙역에서 가까운 곳에 지어진 이 도서관은 음악 센터와 키아즈마 현대미술관, 핀란디아 홀 등과 함께 문화 지구를 이룬다. 오오디 중앙도서관이 개관된 지 얼마 되지 않았을 때 아이들과 함께 찾아갔다. 건물은 자연스럽게 흘러가는 구름 같기도 하고 땅을 펴내서 위로 올려 세운 것 같기도 했다. 건물의 규모는 상당했지만 웅장하다기보다는 편안했다. 오오디 중앙도서관은 복합 문화센터에 가깝다. 1층에는 카페, 레스토랑, 영화관 등이 있어 누구나 와서 즐길 수 있고 2층 스튜디오, 커뮤니티 공간 등 여러 활동을 할 수 있는 장소로 구성되어 있었다. 3층에는 10만 권이 넘는 책들이 보관되어 있었는데, 공간이 탁 트여 있어 마치 커다란 배 안에 들어온 듯했다. 3층에는 어린이들을 위한 공간도 있었다. 책을 읽는 공간과 어린이 공간이 한데 섞여 있지만 너무 조용하지도, 소란스럽지도 않았다. 모든 것이 조화롭게 잘 어우러진 마법 같은 도서관이었다. 눈이 오는 날 도서관에 앉아 하루 종일 머무르고 싶었다. 기본에 충실하면서도 힘이 있는 북유럽 디자인을 잘 보여주는 곳이다.

꾸밈없는 자연을 닮은 무민 이야기

△△△

우리 가족이 핀란드에 오는 이유 중 하나는 무민이다. 우리 가족은 헬싱키에 갈 때마다 각종 무민 아이템을 판매하는 무민 숍을 구경하기 위해 포럼Forum 쇼핑몰에 들르는 것을 잊지 않는다. 무민은 핀란드 작가 토베 얀손Tove Jansson의 동화 속에 나오는 주인공이다. 통통한 배에 꼬리를 달고 귀를 쫑긋 세우고 있는 무민은 삶은 달걀을 닮았다. 사실 귀여운 무민의 정체는 북유럽 신화에 나오는 괴물 트롤이다. 노르웨이의 괴상한 트롤과 핀란드의 귀여운 무민의 간극은 좀 큰 것 같다. 나는 눈은 동그랗게 뜨고 있는 무민이 참 좋다. 맹숭맹숭하게 생겨 어쩐지 멍해 보이는 순진한 모습이 마음에 들었다.

토베 얀손은 예술가 부모님 아래서 태어나 스웨덴, 프랑스에서 미술을 배우며 화가의 길을 걸었다. 글을 쓰는 데에도 탁월하여 10대에 이미 그림책을 만들고 일러스트를 그리면서 재능을 드러냈다. 1945년《무민 가족과 대홍수》를 시작으로 총 9권으로 구성된 무민 시리즈를 출간했다. 그 시리즈의 마지막 권인《무민 골짜기의 11월》이 발표된 1970년 무렵 무민 이야기는 유럽 전역에서 인기를 끌었다. 얀손은 어릴 적 들었던 부엌 찬장에 숨어서 사람들의 목에 찬바람을 불어넣는다는 트롤 이야기에서 영감을 얻어 무민을 만들어냈다. 시작은 좀 으스스하지만 동화 속 무민은 귀엽고 친근하다. 무민이 창작된 시대적 배경에 비추어 볼 때 전쟁 상황을 내포하고 있다고 해석되기도 한다. 집을 잃고 아빠를 찾아 여행을 한다는 설정은 전쟁으로 인한 가족의 이별을 떠올리게 하고, 전쟁을 겪으며 인간 사회가 처참히 무너지는 가운데 순수한 무민 세계는 가장 인간적인 삶이 무엇인지 돌이켜보게 해준다는 것이다. 이

삶은 달걀을 닮은 귀여운 외모의 무민

런 해석이 과하다고 볼 것까지는 없지만 너무 의미심장한 것 같기는 했다. 무민 시리즈는 동화답게 즐거운 상상력을 발휘하며 읽는 것이 가장 좋다는 것이 내 생각이다.

무민은 호기심과 탐험심이 넘친다. 작은 돌멩이나 조개껍데기를 모으는 사소한 일로도 금방 행복해지는 단순함이 무민의 매력이다. 무민은 새로운 도전을 두려워하지 않고 여행 중 만난 다양한 친구들과 항상 함께한다. 독특한 성격의 소유자인 무민은 종종 투덜거린다. 친구들과 다투기도 하지만 심각해지지는 않는다. 이들은 서로를 있는 그대로 받아들이면서 함께 여행한다. 도중에 힘겨운 상황이 생겨도 춤을 추며 하루를 보낼 수 있을 만큼 낙천적이기도 하다. 집으로 불청객이 찾아와도 거절하지 못하고 도리어 자신의 집을 비워주는 무민 가족의 모습은 어이없을 정도로 순수하다. 이런 무민의 모습은 꾸밈없는 자연의 세계를 참 많이 닮았다. 무민은 자연의 섭리를 거스르지 않고 평화로운 삶을 추구한다.

무민 월드(Muumimaailma)에 가다

투르쿠에서 16km 떨어진 항구 마을 난탈리(Naantali)에 있다. 작은 섬 전체가 무민 테마파크다. 무민 월드에 가려면 투르쿠를 반드시 거쳐야 하는데, 이때 무민 월드 셔틀버스를 이용하는 것이 가장 편하다. 여름에는 6~8월 내내 문을 열고, 겨울에는 2월 중 며칠간만 운영된다. 섬 안으로 들어가는 순간 무민 이야기가 눈앞에 나타난다. 아기자기한 무민 골짜기를 지나면 곳곳에서 동화 속 장소와 주인공들을 만날 수 있다. 무민 월드 가장 중심에는 파란색 무민의 집이 있다. 집 안에서 무민 가족이 나와 방문객들을 포근하게 맞아준다. 무민을 좋아한다면 푹 빠져서 헤어 나오기 힘든 곳이다.

동화 속 주인공들을 만날 수 있는 무민 월드

정말로 무민이 살고 있을 듯한 핀란드의 숲

△△△

헬싱키에서 북쪽으로 조금 떨어진 도시 에스포Espoo에는 무민 골짜기만큼 신비롭고 아름다운 숲인 누시오 국립공원Nuuksio National Park이 있다. 다양한 트래킹 코스가 마련되어 있어 핀란드의 숲을 직접 체험할 수 있다. 우리도 공원 안내소에 들러서 지도를 받고 추천해주는 루트를 따라 길을 나섰다. 누시오 국립공원 초입에 있는 핀란드 자연 센터 근처에서 시작되는 길도 있었지만 우리는 공원 안내소에서 시작되는 가벼운 코스를 골랐다.

아주 옛날 핀란드 사람들은 숲이 생기기 오래전부터 존재했던 거대한 나무 '세계수World Tree'가 세상의 중심이라고 생각했다고 한다. 이 나무가 사방으로 가지를 뻗어 세상을 뒤덮고 하늘을 떠받치며 세상을 지켜준다고 믿었다. 세계수를 중심으로 숲이 생겨났고 세대를 거듭해도 변하지 않는 숲의 나무들이 생명의 근원이라고 여겼다. 시베리아 어치는 오랫동안 핀란드의 숲을 지켜온 새다. 숲에 찾아온 손님을 반기기도 하고 침입자에게 경고를 보내기도 한다는 시베리아 어치의 울음소리가 숲속의 트롤이 부는 피리 소리와 비슷했다는 전설이 있다. 아쉽게도 내게는 새의 울음소리만으로 그 새의 종류를 구분해내는 능력이 없었다. 대신 작은 새소리라도 들려오면 나를 반겨주는 소리라고 생각했다. 그러자 누시오 국립공원이 더욱 친근하게 느껴졌다. '스너프킨'은 무민의 가장 친한 친구다. 하모니카나 피리를 불며 노래를 만드는 예술가이자 가

자연에 동화되어 즐길 수 있는 눅시오 국립공원

끔 훌쩍 길을 떠나는 모험가다. 문득 스너프킨이 시베리아 어치를 닮았다는 생각이 들었다. 무민과 스너프킨이 함께 노래를 부르는 무민 골짜기를 상상하며 가볍게 숲을 거닐었다. 모든 근심과 걱정을 내려놓고 오롯이 자연만을 탐닉했다.

호수가 보이는 곳에 자리를 잡고 챙겨온 점심을 먹었다. 몇몇 사람들은 호수 옆 바위에서 일광욕을 하거나 수영을 즐겼다. 후식으로 먹으려고 젤리 봉지를 꺼냈는데, 뜯고 나서 보니 리커리쉬 liquorice 젤리가 들어 있었다. 리커리쉬는 서양 감초로, 북유럽에서는 리커리쉬가 들어간 젤리나 사탕을 쉽게 살 수 있다. 리커리쉬 젤리는 충격적으로 맛이 없다. 그런데 핀란드 사람들은 어릴 때부터 이

젤리를 좋아하며 즐겨 먹는다. 우리는 조금도 좋아하지 않지만 리커리쉬를 핀란드어로 '살미아키salmiakki'라고 하는 것을 몰라서 사버리고 말았다. 새까만 색에 타이어처럼 생긴 리커리쉬 젤리는 씹으면 단단한 고무에 소금을 뿌린 것 같은 맛이 난다. 나는 이 젤리를 처음 먹어봤을 때 잘못 먹은 줄 알고 깜짝 놀라 뱉기까지 했다. 다행히 이번에는 리커리쉬 맛이 많이 나지 않았고, 핀란드 숲의 맑은 공기를 마시며 먹으니 딱 1개까진 먹을 만했다.

북유럽 날씨치고는 이례적으로 더웠지만 자작나무 사이로 살살 불어오는 바람이 좋았고 쨍하게 빛나는 호수가 아름다웠다. 숲을 한 바퀴 돌고 숙소로 돌아오는 길에 바다 앞에 있는 사우나에서 피로를 풀었다. 북유럽 사람들은 인생에서 진짜 가치 있는 게 무엇인지 찾으려고 노력한다. 물질에 욕심내지 않고 자연과 함께하면서 마음을 비우고 이미 갖고 있는 것을 소중히 여긴다. 하루 동안 내가 경험한 '숲+살미아키+사우나' 조합을 되새겨보니 너무나 완벽하게 핀란드 사람 같았던 시간이었다.

산타 할아버지가 살고 있는

로바니에미

꽤 오래전부터 핀란드에 사는 산타 할아버지를 만나는 것은 나의 꿈이었다. 스웨덴에서 살게 되면서 산타를 만나는 꿈이 점점 현실에 가까워져갔다. 스웨덴으로 이주한 첫해 겨울에 우리는 핀란드 여행을 계획했다. 크리스마스 당일에 산타와 극적으로 만나기 위해 12월 24일부터 26일로 일정을 잡았다.

로바니에미Rovaniemi는 핀란드 북부의 라플란드 중에서도 북극선이 지나는 곳에 위치한 마을이다. 원래 그저 작은 마을에 불과했으나 1929년부터 라플란드주의 행정 중심지가 되면서 도시 개발이 이뤄졌다. 그러던 중 제2차 세계대전이 일어나 핀란드와 동맹인 독일군이 1941년부터 러시아와 인접한 핀란드 라플란드의 전선을 장악했다. 당시 핀란드는 소련과 전쟁을 지속할 여력이 되지 않아 1944년 휴전협정을 맺었는데, 휴전 조항 중 하나가 핀란드에 주둔해 있는 독일 군대를 해산하는 것이었다. 독일과 소련 두 강대국 사이에 낀 핀란드는 어쩔 수 없이 독일과의 동맹을 파기하고 독일군을 몰아내기 위한 전쟁을 치르게 되었다. 이 전쟁이 제2차 소련핀란드전쟁의 연장이라고도 볼 수 있는 라플란드 전쟁(1944~1945)이다. 라플란드 전쟁으로 인해 로바니에미의 90%가 폐허로 변했고 도시가 사라졌다.

〈미드와이프〉는 라플란드 전쟁을 배경으로 하는 영화다. 전쟁 당시에 일어난 실화에 바탕을 둔 동명의 핀란드 소설을 영화화했다. 〈미드와이프〉에서는 독일군 요하네스와 핀란드인 산파 헬레나의 사랑을 중심으로 핀란드의 전쟁사를 다룬다. 연이은 전쟁으로 고통받던 약소국 핀란드의 시대적 상황을 알고 영화를 보면 사랑 이야기 외에 영화에서 짚고자 했던 부분들을 이해할 수 있다. 영화에는 독일 편에 설 수밖에 없었던 핀란드, 갑자기 적이 되어버린 독일군, 계속 독일군을 도와 포로를 추격하는 부역자 핀란드 사냥꾼, 남겨진 독일군에 의해 위험에 처한 민간인 등 각자의 다른 상황에 놓인 인물들이 등장한다. 이들을 통해 영원한 동맹이란 없는 전쟁 속에서 무엇이 옳고 무엇이 그른지 생각해보게 된다. 특히 전쟁으로 인해 가장 많은 고통을 겪은 핀란드 여성들과 아이들에게 가해진 부당한 차별이 나타나 있다. 역설적이게도 영화에 나오는 라플란드의 자연은 너무나 운치 있다. 잔혹한 전쟁도 미처 덮지 못한 자연 속에서 펼쳐지는 이야기가 슬프고도 아름다워 더욱 진한 감동을 전해준다.

핀란드 정부는 전쟁 후 완전히 파괴된 로바니에미를 복구해 신도시를 세우기로 했고, 그 총책임을 알바 알토가 맡았다. 알토는 도시 내 간선도로를 순록의 뿔과 유사한 형태로 만들며 도시를 계획했다. 시청과 도서관, 대형 콘서트홀 등 주요 건물과 주거 단지를 모두 알토가 설계했으니 '알토의 도시'라고 해도 지나치지 않을 정도다. 신도시가 세워질 당시 산타는 오랜 전설 속의 존재로만 여겨졌다. 핀란드 북쪽에 있다는 신비의 산 코르바툰투리Korvatunturi가 산타의 고향이라는데, 그 정확한 위치는 알려져 있지 않았다. 눈이 많이 오는 라플란드에 산타가 살고 있다는 믿음이 커지자 마침 도시를 재건하고 있던 로바니에미는 이를 한껏 활용했다. 산타를 중심으로 하는 관광산업을 적극적으로 개발한 것이다. 그 결과 1985년에 로바니에미는 전 세계적으로 인정받은 '공식' 산타가 사는 도시가 되었고, 도시 안에 산타 테마파크도 조성되었다. 전쟁의 상처가 산타 마을을 탄생시키는 계기가 된 셈이다.

야간 기차를 타고 산타가 사는 마을로

우리 가족은 로바니에미에 가기 위해 헬싱키에서 출발하는 야간 기차에 몸을 실었다. 야간 기차의 침대칸은 좁지만 깨끗해서 전혀 불편하지 않았다. 잠시 눈을 붙였다가 일어나 밖을 바라보니 새하얀 풍경이 빠르게 스쳐 지나가고 있었다. 아직 해가 뜨지 않아서 어슴푸레한 가운데 눈으로 뒤덮인 창밖 풍경이 북극권Artic Circle에 가까워지고 있음을 알려주었다. 핀란드 남쪽 해안에 있는 헬싱키에서 북쪽 라플란드에 있는 로바니에미까지는 기차로 무려 12시간 정도 걸렸다.

출발한 다음 날 오전 10시 반쯤에 로바니에미역에 도착했다. 짐을 풀고 나니 금세 정오가 되었다. 우리는 크리스마스이브인 만큼 산타 마을에서 특별한 행사나 공연이 있을 것이라 기대했다. 하지만 산타 마을에 도착해보니 우리의 예상과는 아주 달랐다. 크리스마스의 로바니에미는 당연히 축제 중일 것이라고 생각하고 운영 시간을 제대로 확인하지 않고 왔는데, 24일과 25일 모두 평소보다 일찍 문을 닫는다고 했다. 연말 분위기에 들떠 잠시 이곳이 북유럽이라는 것을 잊었다. 흔히 하는 농담 중에 가족이나 친지를 만나려는 게 아니라면 크리스마스 시즌에는 북유럽에 가지 말라는 말도 있는데 말이다.

크리스마스 시즌에는 북유럽 일대의 박물관이나 상점 대부분이 문을 열지 않거나 평소보다 일찍 문을 닫는다. 산타 마을에서 일하는 사람들도 근로자이니 공휴일에는 가족과 함께 시간을 보내는 것이 북유럽 문화에서는 당연할지도 모르겠다. 아무리 그래도 크리스마스에 산타 마을이 단축 운영되다니! 또 하나 로바니에미에 와서 신기했던 것은 산타가 한 명이 아니라는 점이었다. 로바니에미에는 두 곳의 산타 마을이 있다. 실내 테마파크인 산타 파크

엘프 스쿨의 '엘프가 되는 법' 수업

Santa Park와 야외 체험 마을인 산타 빌리지Santa Village다. 산타 파크에서도 산타 빌리지에서도 산타 할아버지를 만날 수 있다. 우리는 24일에 산타 파크를 먼저 방문하고 다음 날 산타 빌리지에 가기로 했다. 특별한 이유는 없었다. 단지 산타 파크가 25일보다 24일에 1시간 더 오래 운영되었기 때문이었다. 그래도 4시면 문을 닫았지만.

산타 파크에서는 '엘프 스쿨Elf School'이 가장 흥미로웠다. 엘프라는 말은 고대 노르웨이어 '알브álfr'에서 유래되었다. 산타를 도와 선물을 배달해주는 엘프도 있다. 원래 엘프가 되려면 100년이 걸리지만 엘프 스쿨에서 배우면 빠른 시간 안에 엘프가 될 수 있다고 한다. 엘프 스쿨에서는 선물을 배달할 때 들키지 않도록 살금살금 걸어가는 법, 닫혀 있는 창문 사이로 쏙 들어가는 법 등을 가르쳐 준다. 코가 뾰족한 엘프들이 통통 뛰어다니면서 생동감 있게 설명을 해준다. 엘프들을 보고 있으니 크리스마스 시즌에 북유럽 전역에서 자주 들을 수 있는 귀여운 크리스마스캐럴이 귓가에 맴돈다. 노래 가사에는 모든 사람들이 잠든 한밤중에 몰래 집 안으로 들어와 사람들이 남겨둔 음식을 먹고 도망가는 요정들이 묘사되어 있다. '팁 탑 팁 탑Tipp tapp Tipp tapp'하고 반복되는 후렴구는 요정들이 살금살금 걷는 모습을 표현한 것이다. 사랑스러운 멜로디는 한번 들으면 계속 '팁 탑 팁 탑'하고 중얼거리게 될 만큼 중독성이 있다.

Se, då krypa (봐, 그들이 오고 있어)

tomtar upp ur vrårna (땅속 요정들이 모서리를 돌아 나오고 있어)

upp ur vrårna (모서리에서)

lyssna, speja, (듣고, 보면서,)

trippa fram på tårn (발끝으로 살금살금)

fram på tårna (발끝으로)

– 스웨덴의 크리스마스캐럴 〈요정의 크리스마스 밤(Tomtarnas julnatt)〉 중에서

마을의 모든 가게들이 일찍 문을 닫은 덕분에 숙소로 돌아와서 가족끼리 오붓한 크리스마스이브를 보냈다. 크리스마스 시즌이라 숙소 구하기가 어려웠는데, 평소처럼 호텔을 예약하지 않고 에어비앤비를 이용하길 잘했다는 생각이 들었다. 일반 주택을 대여해주는 것이라 주방에서 음식을 해먹기 좋았고 핀란드 주택답게 사우나 시설이 잘 갖춰져 있었다. 집주인이 만들어둔 커다란 트리도 있

어 우리 집에서 크리스마스를 보내는 것처럼 아늑했다. 크리스마스 아침, 눈을 뜬 아이들은 트리 아래에 놓인 산타 할아버지의 선물을 확인하고 무척 신이 났다. 어쩌면 어제 산타 파크에서 만난 엘프가 몰래 다녀간 걸지도 모른다!

숙소에서 점심까지 먹은 뒤 기대하던 산타 빌리지로 향했다. 산타 빌리지 역시 단축 운영을 해서 오후 12시부터 5시까지만 둘러볼 수 있었다. 산타 빌리지에 도착하자마자 산타를 만나기 위한 순번 대기표부터 받았다. 기다리는 동안 주변에 있는 허스키 파크에 가서 시베리안 허스키를 만져보고, 북극선이 지나는 지점 위에 서보기도 하며 '공식' 산타를 만날 순간만을 고대했다. 시간이 되어 산타 사무실의 문이 열렸다. 그런데 우리가 마주한 것은 산타 할아버지가 아닌 길고 긴 줄이었다. 거기서부터 1시간을 더 기다려야 한다고 했다.

산타를 만나기란 쉽지 않았다. 물론 극성수기에 찾아간 우리의 탓도 있긴 했다. '원래 극적인 순간은 쉽게 찾아오는 게 아니지'라고 마음을 달래며 기다렸다. 꽤 시간이 흘렀고 드디어 산타 할아버지와 조우할 수 있었다. 아이들은 긴장한 표정으로 산타 곁으로 걸음을 옮겼다. "Where are you from?" 사무실 가운데에 있는 의자에 떡 하니 앉아 있던 산타가 물었다. 그 말에 짧게 대답하기가 무섭게 직원이 손짓을 하며 기념사진을 찍어야 하니 포즈를 취하라고 말했다. 산타와 다른 대화를 나눠볼 틈이 없었다. '찰칵' 셔터 소리가 난 다음 산타는 바로 다음 손님에게로 얼굴을 돌렸다. '단한마디 물어본 게 다인가?' 그토록 오래 기다렸는데 산타와의 만남은 눈 깜짝할 사이에 끝나버렸다. 허무하기까지 했다. 관광객이 많을 시기이긴 하지만, 산타는 바빠도 너무 바빴다. 아이들은 산타 할아버지를 만나면 하려고 준비했던 말을 꺼낼 수 없었다. 둘째 아이가 산타에게 손을 흔들며 작별 인사를 했는데 산타는 다음 손님을 맞이하느라 그마저도 보지 못했다. 산타 빌리지를 떠나기 전에 우리는 산타 우체국에 가서 한국으로 엽서를 써서 부쳤다. 전 세계 아이들이 산타에게 보내는 모든 편지는 이곳으로 모인다. 실제로 답장도 보내준다.

산타 빌리지는 산타의 신비로움을 느끼기엔 지나치게 상업적이고 인위적이었다. 각 건물을 체험하러 들어갈 때마다 입장료를 각각 지불해야 했고, 북극권에 도달했다는 인증 도장을 받을 때에도 돈을 내야 했다. 산타를 만나는 건물 바로 옆에 기념품 가게와 각종 브랜드 매장이 붙어 있어 '이윤 추구'가 너무 극명하게 드러났다. 산타와 만날 때에도 사진을 찍는 비용과 동영상을 찍는 비용을 따로 지불해야 했으며, 심지어 가격도 비쌌다. 이런 세세한 부분을 신경 쓰지 않는 모습에 아쉬움이 많이 남았다. 그럼에도 불구하고 누군가 내게

산타와의 만남이 너무 짧아 아쉬웠던 산타 빌리지

산타 빌리지에 가야 하느냐고 물으면 당연히 "가야 한다"라고 대답할 것이다. 이런 건 어른의 눈에만 보이는 불편함일 뿐이다. 눈 쌓인 산타 빌리지의 풍경은 그야말로 동화 속 한 장면 같았다. 아이들의 순수한 마음을 조금 더 오래 지켜줄 수 있다면 비용이 조금 들더라도 괜찮다. 산타를 만나고 온 지 몇 해가 지났지만 아이들은 아직도 눈을 반짝이며 직접 만난 산타 할아버지 이야기를 한다. 그런 귀여운 모습을 바라보는 것만으로 행복이 가득 차오른다. 산타는 핀란드 로바니에미의 산타 마을에 정말로 살고 있다!

산타 파크와 산타 빌리지

1. 산타 파크

   동굴 안에 조성된 실내 테마파크로, 여름에는 1개월, 겨울에는 1개월 반 정도 운영된다. 입장료는 테마파크에 들어갈 때 한 번만 지불하면 된다. 우체국과 얼음집, 엘프 스쿨 등이 있으며 기차를 타고 돌아볼 수 있다. 중앙 무대에서는 공연도 펼쳐진다. 산타와의 만남도 마련되어 있다.

2. 산타 빌리지

   보통 '산타 마을'이라면 공식 인증을 받은 산타가 있는 산타 빌리지를 가리킨다. 실외에 조성된 체험 마을로, 연중무휴이지만 개장 시간은 확인할 필요가 있다. 산타 파크와 유사하게 우체국과 얼음집 등이 있다. 주변에는 허스키 공원이 마련되어 있고, 순록 체험을 할 수 있는 공간도 있다. 가장 인기 있는 행사는 역시 공식 산타와의 만남이다.

로바니에미에서 만난 최고의 박물관

△△△

로바니에미에서의 마지막 날이 밝았다. 다행히 우리가 여행할 때에는 날씨가 그리 춥지 않았다. 기온이 영하 20~30℃까지 떨어지는 것은 우스운 지역인데 우리가 머무는 내내 영하 2~3℃ 정도에 불과했으니 운이 정말 좋았던 듯하다. 스케이트를 타려고 했는데 눈이 펑펑 내리기 시작했다. 야외 활동은 무리일 것 같았다. 대신 북극권의 생태계와 기후변화를 소개하는 박물관 겸 과학 연구소인 악티쿰Arktikum으로 향했다. 그러다 우연히 악티쿰 바로 옆에 있는 필케 과학 센터Tiedekeskus Pilke를 발견했다. 필케 과학 센터는 악티쿰에 비해 잘 알려져 있지 않으나 그 못지않게 훌륭한 곳이다. 사실 우리가 필케 과학 센터에 들르게 된 것은 악티쿰과 필케 과학 센터의 통합 입장권과 악티쿰 단일 입장권의 가격이 거의 차이 나지 않았기 때문이었다. 하지만 아이와 함께하는 가족 여행객이라면 필케 과학 센터에는 무조건 방문해보기를 강력히 추천한다.

필케 과학 센터는 핀란드의 숲과 나무를 테마로 하는 단순하고 깔끔한 디자인으로 지어졌다. 건물은 모두 나무로 지어졌고, 건물에 사용된 자재의 90%는 핀란드 내에서 공수했다. 과학 센터 내에는 나무를 이용한 다양한 활동들이 마련되어 있고, 숲에서 할 수 있는 놀이를 간접적으로 체험해볼 수도 있다. 핀란드 숲에서 사용되는 커다란 트랙터를 타거나 가짜 톱으로 나무를 자르는 흉내를 내볼 수 있었다. 과학 센터나 박물관이라기보다는 체험 놀이터에

필케 과학 센터는 핀란드의 숲과 나무를 테마로 하는
단순하고 깔끔한 디자인으로 지어졌다. 건물은 모두 나무로 지어졌고,
건물에 사용된 자재의 90%는 핀란드 내에서 공수했다.

가깝다. 규모는 크지 않았지만 하나하나 만지고 즐기느라 시간 가는 줄 몰랐다. 그중 공을 사용하는 한 놀이에서 깊은 인상을 받았다. 원판을 움직여서 균형을 잡아 4개의 공을 4개의 공간에 넣는 놀이였다. 이 놀이에서 4개의 공은 각각 경제, 생태, 사회, 문화를 의미한다. '천연자원의 지속가능성은 경제, 생태, 사회, 문화 네 가지 요소가 균형을 이룰 때 비로소 실현 가능하다'라는 중요한 메시지가 단순한 놀이에 담겨 있었다.

필케 과학 센터에서 악티쿰으로 넘어갔다. 악티쿰은 최대한 주변 경관을 해치지 않도록 설계되었다. 강둑 아래에 강이 흐르는 방향과 동일하게 좌우로 긴 형태의 건물을 지었다. 박물관을 관통하는 중앙 통로는 터널처럼 둥근 유리 지붕으로 덮여 있다. 그래서 악티쿰 안으로 들어가면 투명한 이글루 안에 서 있는 것 같은 기분이 든다. 중앙 통로 옆으로 이어져 있는 전시실에는 북극권에 사는 사람들의 일상과 생활양식, 극한의 추위를 이겨낸 동식물 등 북극권의 생태계가 소개되어 있다. 다음은 북극권에서 볼 수 있는 우주의 신비에 대한 전시실이다. 사진과 영상을 활용해 천문학을 쉽게 알려준다. 백야와 극야 현상의 원리를 다루는 모형도 만들어 비치해두었다. 천체 영상관에서는 실제로 오로라를 보는 것 같은 황홀함도 느낄 수 있었다. 북극권의 문화에 관해서도 자세한 설명이 이어졌다. 전시실을 모두 둘러본 뒤 강을 바라볼 수 있는 건물 끝 쪽으로 가서 앉았다.

자연과학에 관심이 많은 우리 가족은 이곳이야말로 최고의

북극권의 생태계와 문화를 보여주는 박물관 겸 과학 연구소, 악티쿰

박물관이라며 찬사를 보냈다. 악티쿰은 북극권이 직면한 문제점과 이를 극복하기 위한 과제를 짚어주는 것도 잊지 않는다. 오늘날 기후변화와 세계화는 북극권의 생태계를 위협하는 중요 요인이다. 이와 관련해 필케 과학 센터와 악티쿰이 인간에게 전하고자 하는 메시지는 간결하고 명확하다. 인간의 무분별한 자원 사용은 환경 파괴로 이어지고, 그 대가는 다시 인간이 혹독하게 치러야 한다. 그러니 항상 경각심을 가지고 생태계를 살펴야 한다. 어쩌면 당연하게 여겨질 수도 있는 이 메시지가 새삼 가슴속 깊숙한 곳에 무겁게 새겨졌다. 해가 저물자 악티쿰의 투명한 천장으로 별빛이 쏟아진다. 별빛이 강물에 반사되어 아름답게 반짝인다.

5장

아이슬란드

ICELAND

북극점에 가장 가까운 수도,

레이캬비크

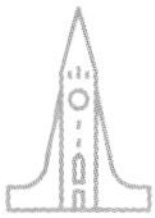

'얼음의 땅'이라는 뜻의 이름을 지닌 곳, 아이슬란드. 이름만 보면 사람이 살기 힘들 정도로 척박한 극지대의 이미지가 떠오른다. 어쩐지 아이슬란드에 간다면 여행이 아닌 탐험을 해야 할 것 같은 느낌이다. 그런데 이 이름과 관련된 흥미로운 설이 하나 있다. 먼 옛날 고향을 떠나 항해하던 바이킹들이 아이슬란드에 다다랐다. 그들은 생각보다 살기 좋은 그 땅에 정착하기로 마음먹었다. 그리고 다른 사람들이 이 좋은 땅에 올 생각을 하지 못하도록 '아이슬란드'라고 부르기로 했다. 덧붙이자면 10세기 후반에 이르러 아이슬란드에 살던 바이킹 중 일부가 서쪽으로 배를 타고 가다 또 다른 땅을 발견하게 되었는데, 그 땅이 바로 오늘날의 그린란드다. 바이

킹이 그린란드를 발견했을 때는 중세 온난기(950~1250년경으로 추정)였기 때문에 지금과는 달리 목초지가 풍부했다. 바이킹들은 새로운 땅에 정착촌을 꾸리고 더 많은 이들을 불러 모으기 위해 '그린란드'라고 이름을 붙였다. 오랜 시간 동안 무인도였던 아이슬란드에는 870년부터 930년에 걸쳐 노르웨이 바이킹족과 아일랜드 켈트족이 이주해 자리를 잡으면서 마을이 형성되기 시작했다. 아이슬란드는 유럽 대륙에서 바이킹이 가장 마지막으로 정착한 나라이기도 하다.

우리도 다른 북유럽 국가들을 다 돌아본 후에 마지막 여행지로 아이슬란드를 선택했다. 4월 초, 여행을 시작할 아이슬란드의 수도 레이캬비크Reykjavík에 도착했다. 아이슬란드를 여행하기에는 여름이 더 좋다는 말은 많이 들었지만 내게는 아이슬란드의 겨울과 봄을 동시에 느낄 수 있는 4월이 더 매력적으로 느껴졌다. 게다가 4월은 성수기가 아니라서 경비를 절약할 수 있고, 운이 좋으면 오로라도 볼 수 있는 시기였다. 백야 시기도 극야 시기도 아니라서 오후 7시 반에서 8시면 날이 어두워져 딱 좋았다. 하지만 역시 변덕스러운 날씨가 문제였다. 언제 어떻게 날씨가 바뀔지 알 수 없어 한겨울 옷까지 모두 챙겨 짐을 꾸리고 일정을 최대한 여유롭게 짰다. 아이슬란드 여행을 계획할 때는 나라 전체를 한 바퀴 도는 링로드(1번 도로) 일주를 포함시키는 경우가 많다. 그러나 우리는 레이캬비크 근교와 아이슬란드 남부를 둘러보는 것만으로도 충분하다고 판단되어 링로드 일주는 하지 않기로 결정했다.

세계 최초로 의회가 결성된 작지만 의미 있는 수도

아이슬란드 최초의 정착자는 노르웨이 출신 잉골푸르 아르나르손Ingólfur Arnarson이라고 기록되어 있다. 그는 874년에 아내와 함께 현재 레이캬비크에 해당하는 지역으로 이주하여 터를 잡고 평생을 살았다. 레이캬비크는 전 세계의 수도 중 북극점에 가장 가까운 곳에 있다. 레이캬비크란 '연기가 나는 만'이라는 뜻인데, 아르나르손이 처음 레이캬비크에 도착했을 때 온천에서 피어오르는 수증기를 본 것에서 유래했다는 설이 있다. 이후 노르웨이의 여러 부족들이 아르나르손을 따라 아이슬란드로 이주했다. 정착민들은 주로 어업과 농업에 종사했고 마을을 형성했다.

부족이 늘어나자 부족장들은 세계 최초의 의회인 알싱기Alþingi를 만들었다. 지도자들은 알싱기를 통해 법을 제정했으며 일반인들도 회의에 참석할 수 있었다. 알싱기가 만들어진 930년을 아이슬란드의 건국 시점으로 본다. 현대적 의회 민주주의가 발달한 영국이 세계 최초로 의회를 만든 국가로 알려져 있는데, 영국보다 훨씬 앞선 시기에 아이슬란드에서 의회가 만들어졌다는 사실이 새로웠다. 알싱기는 1845년에 레이캬비크로 이전했고 이때부터 레이캬비크가 수도로서 자리 잡기 시작했다. 기존에 알싱기가 있던 지역에는 싱벨리르 국립공원Þingvellir National Park이 조성되었다. 레이캬비크는 다른 나라 수도들에 비해 도시의 규모가 매우 작은 편이다. 하지만 아이슬란드 인구의 3분의 1이 레이캬비크에 거주

화산 폭발로 만들어진 아이슬란드의 자연을 표현한 할그림스키르캬 교회

하고 있고, 레이캬비크 인근에 사는 주민까지 합하면 인구의 3분의 2에 이른다고 하니 나름 대도시인 셈이다. 참고로 아이슬란드는 인구가 약 31만 명 정도인 작은 나라다. 그래서 레이캬비크 근처를 벗어나면 도시는커녕 마을을 찾기도 어려운 허허벌판이 이어진다.

우리는 제일 먼저 레이캬비크를 대표하는 건축물인 할그림스키르캬Hallgrímskirkja 교회를 찾아갔다. 레이캬비크에서 가장 높은 건물이라 멀리서도 금세 눈에 띄었다. 이 교회는 1937년 설계를 시작해 1986년에 완공되었고, 아이슬란드에서 가장 유명한 종교시인 할그리무르 페투르손Hallgrímur Pétursson의 이름을 따왔다. 아이슬란드의 자연을 건축으로 표현하고 싶었던 건축가는 화산 꼭대기에서 용암이 녹아내리는 듯한 수직 구조로 교회를 지었다. 마치 화산 폭발로 형성된 주상절리를 보는 기분이다. 교회가 도시 한가운데에 우뚝 서 있어도 전혀 어색하지 않은 것은 모두 이 멋진 설계 덕분이다. 밖에서 교회를 보았을 때는 창이 거의 보이지 않아서 채광이 잘 되는 것인지 궁금했다. 안으로 들어가 보니 수직으로 세워진 기둥 사이사이에 공간을 만들어 빛이 제법 잘 들어왔다. 겉보기와는 무척 달랐다. 73m 높이의 교회 꼭대기에는 전망대도 마련되어 있어 레이캬비크 시내 전경을 내려다볼 수 있었다.

할그림스키르캬 교회 앞에는 아주 의미 있는 동상이 있다. 이탈리아의 탐험가 콜롬버스보다 약 500년 앞서서 아메리카 대륙을 발견한 최초의 유럽인 레이푸르 에이릭손Leifur Eiríksson이다. 1930년에 알싱기 설립 1,000주년을 기념해 미국 의회가 아이슬란드에 에이릭손의 동상을 기증했다. 에이릭손은 미국에서도 중요한 인물로 여겨져 미국 미네소타주, 워싱턴주 등에도 그의 동상이 세워져 있다. 세계 최초의 의회 설립, 세계 최초로 아메리카 대륙 발견 등 아이슬란드는 '세계 최초'라는 타이틀을 여럿 가

할그림스키르캬 교회 앞에 서 있는 레이푸르 에이릭손의 동상. 아이슬란드의 위대한 탐험가를 기리는 이 동상은 미국 의회가 아이슬란드에 기증한 것이다.

지고 있으나 이를 알아주는 사람은 많지 않은 듯하다. 우리나라가 금속 활자를 세계에서 처음으로 발명했음에도 독일 구텐베르크의 인쇄술에 밀려 부각되지 못한 것과 비슷하다는 생각이 들었다. 역사는 강대국 위주로 기록되기 마련이다. 에이릭손 동상은 턱을 살짝 들고 먼 바다를 바라보며 당당히 앞으로 한쪽 발을 내딛고 있다. 역사가 어떻게 기록되었든 진실은 변하지 않으므로 개의치 않는다는 듯이.

아이슬란드는 주요 고래 서식지로 자연의 고래를 보기에 적합한 곳이다. 우리 가족도 미리 고래 투어를 예약해두었다. 그런데 할그림스키르캬 교회를 너무 느긋하게 살펴보았는지 예약 시간 전에 다른 일정들을 소화하려니 시간이 매우 빠듯했다. 시내를 잠시 구경하며 점심을 후다닥 해결하고 서둘러 레이캬비크 해안의 작은 항구로 향했다. 아쿠아리움이나 동물원이 아닌 바닷속을 헤엄치는 실제 고래를 보는 것은 흔치 않은 경험이니 기대에 가득 차서 설레는 마음으로 배에 올랐다. 선원에게 정말 고래를 볼 수 있느냐고 물어보니 최근 며칠간 고래 투어 여행객 중 95%가 고래를 만났다며 오늘도 느낌이 좋다고 했다. 배에 탑승해서는 위아래가 붙어 있어 꼭 우주복 같은 오버올Overall을 입었다. 매서운 바닷바람이 몰아치는 선상에 나가 있어야 하니 철저한 방한 준비도 빼놓지 않았다. 이제 고래만 나오면 된다!

고래는 물속에 살지만 어류가 아니라 바다표범, 바다사자, 바다코끼리 등과 같은 해양 포유동물이다. 고래의 조상은 신생대 초기 육지에서 살던 고양이 정도 크기의 네발짐승으로 추정된다. 고래는 땅에서 걸으며 살다가 물가로 서식지를 옮기고 그 후 바다에서 사는 생명체로 진화했다. 진화 과정에서 수중 생활에 적합하도록 변해 외형은 어류와 비슷하지만 고래는 여전히 포유류의 특징을 가지고 있다. 아가미가 아닌 숨구멍과 폐로 호흡하고, 자궁 내에서 태아가 자라며, 새끼가 태어나면 젖을 먹여 키운다. 고래는 꼬리를 위아래로 움직여 헤엄치는데, 두꺼운 지방층 덕분에 차가운 바닷물 속에서도 항상 체온을 유지할 수 있다. 연안을 따라 이동하므로 먼바다까지 나가지 않아도 고래 관측이 가능하다.

아이슬란드에서 고래 투어를 할 때 볼 수 있는 고래는 주로 밍크고래나 혹등고래다. 가끔 운이 좋으면 대왕고래와 범고래를 만날 수도 있다. 여름에는 밍크고래가, 겨울에는 혹등고래와 범고래가 자주 관찰된다. 흰부리돌고래, 쥐돌고래 등도 볼 수 있다. 그중에서도 밍크고래는 호기심이 많아 배가 접근하면 종종 흥미를 가지고 다가오기 때문에 가까이에서 볼 기회가 많다. 고래가 나오길 기다리며 우리가 곧 만나게 될지도 모를 고래에 대해 이야기를 나누었다. 아이들은 배에 있는 고래 그림을 보고 크기를 비교하더니 기왕이면 제일 큰 대왕고래를 보면 좋겠다고 말했다. 물론 고래가 나타나지 않을 수도 있었다. 하지만 고래가 숨을 쉬기 위해 수면 위로 힘차게 솟아오르는 모습이 자꾸 떠올라 점점 더 기대하게 되었다. 그때 배 꼭대기에서 망원경을 들고 360도로 빙 둘러보며 바다를 살피던 가이드가 소리쳤다. "밍크고래가 수면 가까이에 왔

자연 속 고래를 만날 기대를 하며 올랐던 고래 투어용 배

습니다! 곧 있으면 위로 올라올 것 같네요!"

사람들이 재빨리 움직여 난간에 붙어 섰다. 고래가 등장하는 순간을 놓치지 않기 위해 숨죽인 채 바다를 뚫어져라 응시했다. 고래의 모습을 포착할 카메라도 꺼내 들었다. 차가운 바닷바람을 맞고 서 있으니 카메라를 든 손가락이 얼어서 서서히 감각이 마비되어갔다. 손가락이 끊어질 듯 아파도 꾹 참고 한참을 기다렸다. 하지만 아쉽게도 고래는 모습을 드러내지 않았다. 3시간 반 동안 투어를 했지만 고래는 끝끝내 볼 수 없었다. 대신 흰부리돌고래 떼는 여러 번 마주쳤다. 하얗게 파도가 부서지는 모습을 보고 고래 등이 아닌가 하고 착각할 지경에 이를 때쯤 돌고래를 만나자 엄청나게 반가웠다. 돌고래는 이렇게 보는 것이 맞다. 넓은 바다를 유영하는 돌고래에게 수족관처럼 좁은 공간은 너무나 가혹하다. 드넓은 북대서양을 자유롭게 누비는 돌고래 떼를 보는 것은 꽤 멋진 경험이었다. 만약 고래 투어를 할 계획이라면 레이캬비크보다는 아이슬란드 북부 도시인 후사비크Húsavík나 달비크Dalvík에 가는 것이 좋다. 그곳에서는 고래를 만날 가능성이 더 높다.

알아두면 좋은 아이슬란드어

1. 비크(Vík): 만
   예) 그린다비크, 달비크, 레이캬비크, 후사비크

2. 네스(Nes): 반도
   예) 레이캬네스, 보르가르네스, 스나이펠스네스

3. 포스(Foss): 폭포
   예) 굴포스, 스코가포스, 키르큐펠스포스

4. 이외쿠틀(Jökull): 빙하
   예) 바트나이외쿠틀, 랑이외쿠틀, 스비나펠스이외쿠틀

5. 론(Lón): 저수지, 라군
   예) 그라이날론, 이외쿠틀살론, 프얄살론

6. 피외르뒤르(Fjörður): 피오르
   예) 세이디스피외르뒤르, 이사피외르뒤르, 크발피외르뒤르

스나이펠스네스 반도에서 위대한 자연의 힘을 경험하다

△△△

아이슬란드 남부로 출발하기 전에 서부에 있는 스나이펠스네스Snæfellsnes 반도에 다녀오기로 했다. 레이캬비크에서 멀지 않아 당일치기로 갈 만한 여행지였다. 스나이펠스네스 반도는 아이슬란드의 지형적 특징을 모두 볼 수 있는 곳이어서 아이슬란드의 축소판이라고 불리기도 한다. 드디어 아이슬란드의 대자연을 만난다는 생각에 들뜨는 마음을 주체할 수 없었다. 스나이펠스네스 반도로 가려면 크발피외르뒤르Hvalfjörður를 통과하는 매우 긴 해저 터널을 지나야 했다. 터널 안쪽을 바위로 만들어 동굴에 들어온 것 같은 분위기를 내려 한 것 같았는데, 안타깝게도 아이슬란드에서 유일하게 인위적인 느낌이 물씬 풍겼다. 1번 도로를 타고 아이슬란드 남서부의 소도시 보르가르네스Borgarnes를 지나쳤다. 레이캬비크에서 스나이펠스네스 반도까지는 차로 2시간 반 정도 걸리는 거리였다. "경치 너무 멋지다. 근데 도착할 때까지 이런 풍경이겠지? 좀 지루할지도 모르겠다." 이끼가 덮인 땅이 넓게 펼쳐진 창밖 풍경을 보며 말했다. 돌이켜보면 뭘 몰라도 한참 몰라서 내뱉은 말이었다.

아이슬란드의 첫 느낌이 색다른 이유는 황량해서다. 나무를 거의 찾아볼 수가 없다. 아이슬란드에서만 산 사람들은 '울창한 나무'라는 표현을 모르지 않을까 싶을 정도다. 화산활동으로 만들어진 섬인 데다 고위도의 한대 지역에 있어 툰드라기후에 속하기 때문이다. 툰드라기후 지역은 연평균 기온이 0~10℃로 여름에도 선

100년 이상의 세월을 거쳐 형성된 아이슬란드의 이끼 들판

선하다. 겨울이 길어서 식물이 자라기에 적합하지 않은 대신 독특한 식생이 나타난다. 땅속 깊은 곳이 1년 내내 얼어 있어 뿌리를 깊이 내려야 하는 큰 나무는 살 수 없다. 여름에는 지표면만 살짝 녹는데, 이 2~3개월 동안 황새풀 같은 작은 풀이나 이끼류만 자란다. 드물게 낮은 나무가 자라는 곳도 있다. 아이슬란드에서 자라는 식물들은 대부분 연한 갈색을 띠고 있다. 이끼나 낮은 풀이 덮여 있는 곳은 부드럽고 폭신폭신해 보여 만져보고 싶은 충동을 부른다. 아이슬란드의 이끼 들판은 짧은 여름에만 힘겹게 자라는 이끼들이 오랜 세월에 걸쳐 만들어낸 것이다. 이 이끼 들판은 아주 약하고 다시 자라는 데 100년 이상 걸린다. 아무것도 없어 보이는 벌판

인데도 사람이 들어가지 못하도록 철조망을 쳐서 철저히 보호하는 것이 바로 이 때문이다.

스나이펠스네스 반도에 진입한 순간 갑자기 눈이 내리기 시작했다. 예상치 않게 눈이 많이 와서 당황한 사이 첫 번째 목적지인 이트리 툰가Ytri Tunga를 지나쳐버렸다. 표지판이 없는 길인데 내비게이션을 제대로 보지 못하면서 가다가 순식간에 놓친 것이다. 좁은 2차선 도로에서 차를 돌릴 수도 없는 노릇이었다. 차바퀴로 귀중한 이끼를 짓뭉갤 수는 없지 않은가! 게다가 반도 안쪽으로 들어갈수록 눈발이 상당히 굵어지고 있었다. 바다 옆 바위에서 노는 물개를 볼 수 있다는 이야기에 기대를 많이 했던 곳이지만 이트리 툰가에 가는 것은 과감히 포기하기로 했다. 4월이라 어느 정도 눈이 올 거라 생각은 했으나 이렇게 폭설이 내릴지는 상상도 못했다.

눈보라를 뚫고 자연적으로 형성된 항구 마을인 아르나스타피Arnarstapi에 도착했다. 눈을 뜰 수 없을 정도로 눈발이 거셌다. '그래도 여기까지 왔으니 그냥 갈 순 없지'라고 생각하며 차에서 내렸다. 해안선을 따라 만들어진 암석 절벽을 감상하며 아치형 절벽 가트클레투르Gatklettur을 찾아 걸었다. 절벽 사이사이에 바닷새들이 숨어 있는 것이 보였다. 혹시나 퍼핀Puffin을 볼 수 있지는 않을까 하는 마음으로 꼼꼼히 살폈다. 퍼핀은 아이슬란드를 대표하는 새로, 귀여운 외모 덕에 아이슬란드의 마스코트라고도 불린다. 하지만 5월 이후에나 아이슬란드로 오는 퍼핀이 있을 리가 없었다. 까만 절벽은 바닷새들의 배설물로 하얗게 뒤덮여 있었다. 눈이 너무 많이 내

폭설을 뚫고 찾아갔던 아르나스타피의 가트클레투르

려 무엇이 눈이고 무엇이 새똥인지 구분이 되지 않을 지경이었다. 시원한 바다를 보며 특이한 아치형 바위 위를 걷는 것을 상상하고 왔는데, 검은 돌기둥은 폭풍처럼 몰아치는 눈보라에 쌓여 으스스한 괴물처럼 보였다. 바닥의 돌 사이에도 눈이 수북이 쌓여 있었다. 앞도 잘 안 보이는데 아이들이 발을 헛디뎌 다칠까봐 노심초사했다. 한 발 한 발 조심스럽게 내딛고 있자니 북극 탐사를 하는 기분이었다. 아이슬란드에서 이토록 스릴 넘치는 대모험을 하게 될 줄은 몰랐다.

결국 스나이펠스네스 반도 가장 안쪽에 있는 스나이펠스이외쿠틀 국립공원Snæfellsjökull National Park에 들어가는 것은 너무 위험하겠다고 판단했다. 아르나스타피 바로 옆에 있는 마을인 헬나르Hellnar 에도 갈 수 없었다. 조난당하지 않으려면 이 폭설 속에서 빨리 빠져나가는 일이 시급했다. 이 와중에도 바로 스나이펠스네스 반도를 나갈지, 조금 돌아가더라도 키르큐펠Kirkjufell산에 들렀다 갈지 고민에 빠졌다. 뾰족한 산에 멋진 키르큐펠스포스Kirkjufellsfoss 폭포가 장관을 이룬다고 들어서 그냥 돌아가기가 망설여졌다. 그래서 운전대를 잡은 남편에게 결정을 맡겼다. 남편은 호기롭게도 "언제 또 올지 모르잖아. 가보자. 그쪽은 눈이 많이 안 올지도 모르고"라고 말했다.

키르큐펠산에 가기 위해 스나이펠스네스 반도를 관통하는 54번 도로에 진입했다. 여전히 눈이 펑펑 쏟아지는 가운데 지나다니는 차가 거의 없어 도로가 하얗게 덮여버렸다. 길을 표시해주는 보일 듯 말 듯한 노란색 막대기에 의지해서 아주아주 천천히 차를 몰았다. 흔히 하는 표현 중에 눈이 오면 온 세상이 하얗게 된다는 말이 있다. 나도 그 말을 많이 써왔지만 아이슬란드의 눈 풍경은 지금껏 내가 살아오면서 봤던 것과 차원이 달랐다. 마치 영화에 나오는 사후 세계로 가는 길 같았다. 새하얀 종이 위에 찍힌 점이 된 것 같기도 했다. 나중에 남편에게 들으니 남편도 나와 똑같은 기분이었다고 한다. 우리가 처한 상황이 너무 위험해 둘 중 누구도 '사후 세계'라는 단어를 입에 올릴 수 없었던 것이다. 우리가 지나는 길 바로 옆이 산인지 바다인지 낭떠러지인지조차 구분되지 않았다. 키르큐펠이 아이슬란드어로 '교회'를 뜻하기도 하는데, '아이슬란드인의 영혼이 서린 교회 산이라서 천국으로 가는 길을 미리 보여준 것일까?' 하는 엉뚱한 생각까지 들었다.

눈길을 헤치며 가는 동안 아이슬란드 영화 〈자연의 아이들〉이 떠올랐다. 영화의 주인공 게이르는 한적한 시골 마을에서 오랫동안 홀로 살던 노인이다. 게이르는 시골 생활을 정리하고 딸의 집을 찾아간다. 그러나 가족들의 무관심과 불화로 인해 다시 양로원으로 거처를 옮긴다. 그곳에서 게이르는 고향 친구 스텔라를 만난다. 두 노인은 고향에서 생을 마감하고 싶다는 이야기를 나누다 양로원을 탈출한다. 그렇게 두 노인은 함께 고향으로 돌아가는 아름답고 슬픈 여행을 떠난다. 힘든 여정 끝에 고향에 도착한 그들은 꿈에 그리던 고향의 자연 속에서 숨을 거둔다. 무거운 듯 담담한 주인공의 표정은 아이슬란드의 풍경과 어우러져 절절한 울림을 준다. 죽음에 이르는 슬픔이나 고독보다는 풍요로운 자연으로 돌아가는 자유를 그린다. 1991년에 개봉한 오래된 영화이지만 수채화 같은 잔잔한 영상이 기억에 남았다.

우여곡절 끝에 키르큐펠산에 다다랐지만 온 세상이 뿌옇고 하얗기만 했다. 고깔모자 모양의 키르큐펠산을 배경으로 폭포가 보여야 하는데 폭설로 인해 산이 사라지고 없었다. 쏟아지는 폭포 물줄기가 아니었다면 지금이 4월이 맞는지 헷갈릴 정도였다. 그래도 고생하며 찾아온 노력이 아깝지는 않았다. 폭포에서 떨어지는 물방울이 눈과 함께 하늘을 날아다니는 모습은 그야말로 진풍경이었다. 신기하게도 우리가 스나이펠스네스 반도를 벗어나니 눈이 그쳤다. 내내 잔뜩 긴장했던 탓에 레이캬비크의 숙소에 돌아왔을 때는 온몸이 쑤셨다. 알고 보니 우리는 대설주의보가 내린 지역 한가운데를 제 발로 들어간 것이었다. 미리 그 지역 날씨를 확인하지 못한 것이 큰 실수였다. 다음 날부터는 가까운 거리에 있는 지역에 가더라도 수시로 날씨를 확인했다. 굳이 또 폭설주의보가 내린 곳을 찾아가 위험한 상황을 만들 필요는 없으니 말이다.

아이슬란드를 여행할 때 꼭 확인해야 하는 사이트

1. 아이슬란드 기상청(Icelandic Met Office)
   지역별 날씨를 상세하게 알려준다. 강풍이나 폭설 같은 위험 경보는 노랑, 주황, 빨강 등으로 수위를 표시해두기 때문에 알아보기 쉽다. 노랑 경보만 떠 있어도 해당 지역은 여행하기에 매우 위험한 상황인 것이므로 주의해야 한다.
   – https://en.vedur.is

2. 아이슬란드 도로·해안 관리국(The Icelandic Road and Coastal Administration)
   아이슬란드의 변화무쌍한 날씨 덕에 도로가 폐쇄되는 등 변수가 많으니 미리 확인해두는 것이 좋다. 특히 날씨가 나쁠 때는 꼭 들어가봐야 한다.
   – http://www.road.is

빙하와 화산을 아우르는

아이슬란드의 대자연

몇 해 전부터 한국에서 아이슬란드가 여행지로 인기를 끌기 시작했다. 하지만 사실 아이슬란드는 북유럽 사람들도 쉽게 가지 못하는 곳이다. 평소 겁 없이 여행하는 편인 나 역시 신비로운 자연을 품은 섬나라로 떠나기에는 선뜻 용기가 나지 않았다. 아이슬란드 여행을 망설이게 된 결정적인 계기가 있었다. 2017년 우리 가족이 스페인 남부를 여행하던 중에 일어난 일이다. 이색적이고 새로운 자연을 즐기는 재미에 점점 빠져들어 전 세계에 일곱 곳뿐이라는 '핑크 호수'를 찾아가기로 했다. 핑크 호수는 염호鹽湖의 일종으로, 염도가 높은 곳에 사는 식물 플랑크톤이 소금과 자외선으로부터 스스로를 보호하기 위해 붉은 색소를 내어 호수가 분홍빛으로 보이는 것이다. 인터넷으로 호수의 사진을 미리 검색해본 나는 신기한 물빛을 실제로 꼭 보고 싶어졌다. 여행객이 많이 가지 않는 곳이라 정보가 충분하지 않아서 힘들게 찾아갔다. 그런데 어렵사리 도착한 호수는 전혀 분홍색이 아니었다. '이 호수는 핑크 호수니까 분홍색이야'라고 스스로 최면을 걸고 봐야 아주 조금 분홍빛이 돈다고 느껴지는 정도였다. 게다가 성수기가 아닌 것을 감안해도 주변이 심하게 황량했다. 솔직히 말하자면 평범한 호수들보다 못한 수준이었다. 괜히 왔다는 생각을 지울 수가 없었다. 그래도 직접 와보지 않았으면 내내 핑크 호수의 모습이 궁금했을 거라고 마음을 겨우 달랬다.

그런데 주차장으로 돌아와보니 핑크 호수에 대한 실망감은 아무것도 아니었다. 이럴 수가! 우리 렌터카의 창문이 박살 나 있었다. 차 안에 있던 짐들은 모두 도난당한 상태였다. 말도 통하지 않고 지나가는 사람조차 없는 작은 마을에서 사고 처리가 쉬울 리 없었다. 자칫하면 집으로 돌아가는 비행기를 타지 못할 수도 있는 상황이었다. 그동안 수없이 여행을 다녔음에도 이런 사건이 일어난 적이 없었는데, 하필 처음 겪게 된 사고의 타격이 너무 컸다. 누구에게나 일어날 수 있는 일이라는 것은 알고 있다. 하지만 이 사건으로 나는 여행지에서의 호기심과 모험심이 함께한 가족들을 힘들게 만들 수도 있다는 걸 깨달았다. 이후 사람들이 많이 찾지 않거나 사람의 손길이 닿지 않은 자연에 대한 두려움이 생겼다. 그래서 아이슬란드로 여행을 가기로 마음먹기가 쉽지 않았다. 워낙 날씨가 예측 불가능한 데다가 거대한 자연이 주는 위압감이 커서 걱정되었다.

그럼에도 불구하고 나는 아이슬란드를 찾았다. 두려움 때문에 포기해버리기에는 너무나 궁금했다. 무엇이 아이슬란드를 이렇게 특별하게 만든 것일까? 아이슬란드는 아주 오래전 지구의 모습을 품고 있는 땅이자 계속해서 새롭게 태어나는 섬이다. 아이슬란드가 이토록 역동적인 이유를 이해하려면 먼저 판구조론을 이해해야 한다. 판구조론이란 지구의 표면이 여러 개의 판으로 이뤄져 있고 맨틀 대류에 따라 그 판이 움직이면서 지각변동이 일어난다는 이론이다. 서로 다른 판이 맞붙는 경계에서는 지진, 화산활동 등이 활발히 일어난다. 북아메리카판과 유라시아판이 만나는 경계에 위치한 아이슬란드도 화산활동으로 인해 만들어졌다. 아이슬란드의 지각 아래는 '발산형 경계'가 관통한다. 서로 다른 판이 갈라져 멀어지는 경계를 발산형 경계라고 하는데, 이때 두 판이 멀어지면서 맨틀 내에 있던 마그마가 상승하여 새로운 지각이 생성된다. 실제로 해마다 아이슬란드의 면적이 약 1~2cm씩 넓어지고 있다. 말 그대로 '땅이 살아 움직이며 태어나는 것'이다!

골든 서클을 돌며 느껴보는 지구의 움직임

△△△

지구가 살아 움직인다는 것을 보여주는 다양한 지각변동들을 생생하게 경험할 수 있는 아이슬란드의 명소들을 묶어 '골든 서클Golden Circle'이라고 부른다. 아이슬란드에 아주 짧게 머무르더라도 골든 서클만큼은 꼭 둘러봐야 한다고 할 정도로 아이슬란드 여행의 핵심 포인트다. 아이슬란드는 대서양중앙해령의 중심 위에 있는데, 대서양중앙해령의 분포를 보면 왜 골든 서클이라는 이름이 붙었는지 명확히 알 수 있다. 해령이란 판과 판이 멀어지면서 생긴 빈 공간에 마그마가 솟구쳐 올라와 형성된 바닷속의 산맥을 말한다. 아이슬란드에는 해령이 지나가는 선을 따라 곳곳에 관광 명소가 조성되어 있다. 순서는 상관없으나 우리는 아이슬란드 남동쪽 방향으로 여행할 예정이라 레이캬비크에서 출발해 싱벨리어 국립공원Þingvellir National Park – 게이시르Geysir – 굴포스Gullfoss 폭포 – 케리드

아이슬란드를 관통하는 대서양중앙해령

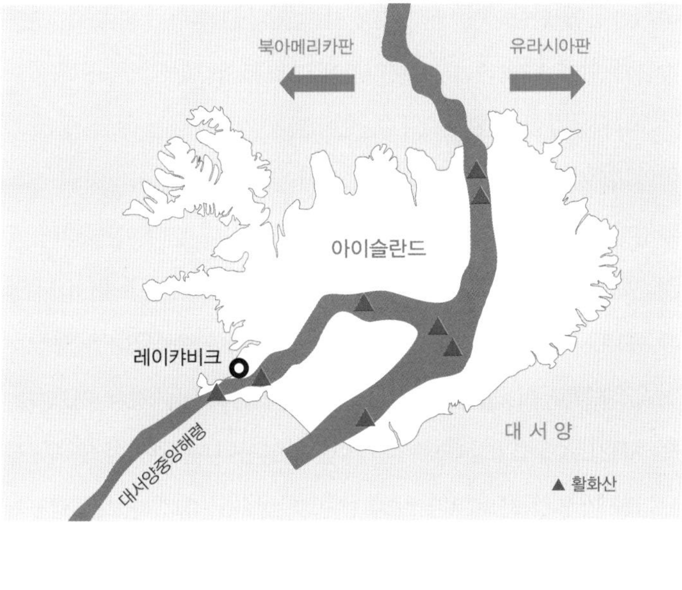

Kerið 분화구 순으로 돌기로 계획을 세웠다. 시간이 있을 때 중간중간 다른 폭포들도 들르기로 했다. 엄청난 지각변동의 흔적들을 하루에 다 감상할 수 있다니 정말 놀랍지 않은가!

레이캬비크를 떠나니 또 눈이 오기 시작했다. 하루 전 엄청난 폭설을 경험한 터라 이 정도 눈발은 낭만적으로 보이기까지 했다(그래도 일반적인 기준에서는 폭설 수준이었다). 싱벨리어 국립공원은 역사적으로나 지리적으로나 중요한 의미를 지니는 곳이다. 아이슬란드가 건국된 930년부터 알싱기가 열린 장소가 국립공원 내에 있는데, 약 870년 동안 야외에서 의회를 열었던 흔적이 남아 있다. 법을 제정하고 시민들 간의 화합을 이루며 나라의 근간을 만들던 곳이라서 지금까지도 아이슬란드 국민들에게 싱벨리어 국립공원은 마음의 고향이자 성지와 같다. 지리적으로 보면 북아메리카판과 유라시아판이 만나는 골짜기에 위치해 있다는 점이 흥미롭다. 한쪽 발을 유럽에, 다른 발을 아메리카에 올려서 두 대륙을 동시에 디디는 색다른 경험을 할 수 있다. 아이슬란드에서 가장 큰 호수인 싱발라바튼Þingvallavatn 호수의 실프라Silfra 협곡에서 다이빙하면 북아메리카판과 유라시아판 사이에 들어가볼 수도 있다. 싱벨리어 국립공원은 아이슬란드 남쪽에 있는 화산섬 쉬르트세이Surtsey섬과 함께 유네스코 세계문화유산으로 지정되었다. 이쯤 되면 좀 궁금해진다. 계속 판이 움직이고 있다는데 지진이 일어나거나 마그마가 솟구치지 않을까? 알아보니 1789년에 일어난 지진이 이 일대에서 일어난 가장 최근의 지진이었다. 이 지진으로 싱벨리어 국립공원이 약 1~2m 아래로 가라앉았으나, 그 후로는 조용하단다. 화산활동은 2,000년 전에 일어난 것이 마지막이라고 했다. 우리는 국립공원 안내소에서 추천해준 코스대로 다니며 신비로운 옥사라포스Öxarárfoss 폭포까지 보고 나왔다.

다음 목적지인 게이시르에 다다르자 멀리서도 하늘 높이 피어오르는 연기가 보였다. 게이시르는 아일랜드 남서부의 중앙구조대에 있는 간헐천들을 아울러 부르는 말로, 아이슬란드어로 '분출하다'라는 뜻이다. 간헐천을 의미하는 영어 'geyser'의 어원이 바로 게이시르다. 간헐천은 지표면의 물웅덩이에서 일정한 간격으로 뜨거운 물이나 수증기가 하늘을 향해 솟구쳐 올랐다가 멈추기를 반복하는 온천이다. 게이시르의 물기둥들은 어찌나 높게 솟아오르는지 가까이에서 일반 카메라로 찍으려 하면 전체 모습이 앵글에 들어오지 않았다. 나의 경우 다른 지각 변동에 비해 게이시르의 원리를 이해하기가 어려웠다. 지열로 인해 물이 데워진다는 것은 알겠는데, 왜 굉음과 함께 솟구치는 것일까? 간헐천은 태양계 내 다른 위성에서도 발견된 적이 있다고 한다. 지구상에서는 미국 옐로스톤 국립공원Yellowstone National Park에 가장 많이 분포해 있고, 뉴질랜드와 칠레의 화산 지대 등에서도 발견된다. 지구에서 찾아보기 힘든 희귀한 자연현상이라서 게이시르가 더욱 특별하게 느껴졌다.

간헐천은 주변의 여러 요소들이 맞아떨어졌을 때만 생성된다. 그 생성 과정은 다음과 같다. 화산활동이 일어나 땅에 약 20m 깊이의 좁고 긴 수직 터널이 만들어지고 그곳에 지하수가 고인다.

지하수는 마그마에 의해 빠르게 가열되어 과열superheating 상태가 된다. 간헐천의 생성 과정에서는 '과열' 상태가 되는 것이 무척 중요하다. 과열 상태란 보통 물의 끓는점보다 높은 125~140°C에서도 수증기가 되지 않은 매우 뜨거운 액체 상태로, 압력이 매우 높아 불안정하다. 간헐천의 입구에는 아래보다 온도가 낮은 물이 뚜껑처럼 얹혀 있다. 그러다가 아래쪽의 압력이 점점 높아져 증기가 솟구치면 물과 증기가 함께 솟아오르는 것이다.

아이슬란드의 게이시르 중 가장 큰 것은 70~80m까지 솟아오른다. 아파트 25층 높이보다 높다. 기록에 의하면 170m까지 솟구친 적도 있다고 한다. 18세기 후반에는 30분에 한 번씩 물기둥이 솟았지만 주기가 계속 바뀌어 19세기 후반에는 20일에 한 번씩 분출되었다. 인근에 지진이 일어나면 게이시르의 활동도 활발해진다. 지진이 있었던 1896년과 2000년에는 게이시르가 하루에 한 번씩 솟아올랐다. 현재는 휴면 상태다. 대신 가장 큰 게이시르 옆에 있는 스트로쿠르Strokkur라는 이름의 간헐천이 활발히 뜨거운 물과 수증기를 뿜어낸다. 5~10분마다 20~30m 높이의 물기둥을 볼 수 있다. 우리 가족 모두가 아이슬란드에서 본 자연현상과 지형 중에서 간헐천을 가장 재미있어 했다. 언제 물이 솟아오를지 모르니 두근두근하게 기다리는 묘미가 있었다. 아이들은 '펑!' 하고 간헐천이 분출될 때를 포착해 사진을 찍어달라고 했지만 딱 맞춰 셔터를 누르기란 쉽지 않았다. 잔잔했던 물웅덩이가 금방이라도 폭발할 것처럼 보글보글 끓으면 카메라를 들고 대기했다. 기다리다 손

보석 같은 푸른빛을 띠며 끓고 있는 게이시르 일대의 물웅덩이

이 시려 카메라를 내리면 그 순간 물기둥이 터졌다. 스트로쿠르 근처에 서서 자연이 만들어낸 천연 분수를 지켜보았다.

게이시르뿐만 아니라 주변의 지표면도 신기했다. 지열로 인해 지표면 곳곳에 구멍이 나 그 안에 물이 채워져 있었다. 물웅덩이는 보석처럼 영롱한 푸른빛이었다. 구멍의 중심으로 갈수록 온도가 높아 미생물이 살 수 없어서 그런 빛깔을 띤다고 한다. 김이 모락모락 올라오는 것을 보고 있자니 살짝 손을 대보고 싶었다. 깊이가 얼마나 되는지 돌멩이를 던져볼까 하는 생각도 들었다. 하지만 꾹 참았다. 물 온도가 80~100°C에 이르니 만졌다간 정말 큰일이 난다. 눈덩이를 여러 번 던져보기는 했다. 당연히 순식간에 녹아 없어졌다. 여름에는 간헐천에서 솟아오른 물기둥에서 튀는 물방울들을 맞으면 따듯한 소나기를 맞는 것 같단다.

게이시르에서 차로 10분 정도 가면 골든 서클의 다음 명소인 굴포스 폭포가 나온다. 햇빛이 폭포 위로 쏟아지면 물결이 금빛으로 빛나서 '황금 폭포'라는 의미의 이름이 붙었다. 굴포스 폭포는 아이슬란드에서 두 번째로 큰 빙하인 랑이외쿠틀Langjökull이 녹아 만들어진 크비타Hvítá강에 있다. 지각변동이 일어나 땅 사이가 벌어졌고 이때 심하게 주저앉은 부분에 깊은 협곡이 생겨 굴포스 폭포가 형성되었다. 너비가 약 20m, 높이가 약 32m로 규모가 어마어마하다. 3단의 계단 모양으로 쏟아지는 폭포를 실제로 보면 그 규모에 입이 떡 벌어질 정도다.

20세기 초 굴포스 폭포는 상업적으로 이용될 위기에 처한 적이 있다. 당시 굴포스 폭포는 사유지였는데, 인근 지주들이 폭포를 외국 투자자들에게 임대하여 수력발전소를 지으려 한 것이다. 잠깐 폭포 옆에 서 있기만 해도 상당한 에너지가 느껴지는데 수력발전 생각이 나지 않을 수 있었으랴. 하지만 수력발전소를 지으면 주변 환경이 망가질 게 불 보듯 뻔했다. 그래서 이를 막기 위해 주민들이 나섰다. 특히 지주 중 한 명의 딸인 시그리뒤르 토마스도티르Sigríður Tómasdóttir가 적극적으로 투쟁했다. 그녀는 개발계획을 취소하지 않으면 폭포 위에서 몸을 던지겠다고 외치며 온몸으로 굴포스 폭포를 지켜냈다. 덕분에 굴포스 폭포는 천혜의 모습 그대로 남아 많은 사람들이 찾는 유명 관광지가 될 수 있었다.

여담이지만 아이슬란드 사람들의 이름 짓는 법은 조금 특이하다. 아이슬란드인의 성姓은 그 사람의 아버지나 어머니의 이름에 'dóttir(딸)' 또는 'son(아들)'을 붙여서 만든다. 예를 들면 앞서 언급한 시그리뒤르 토마스도티르의 성인 'Tómasdóttir'는 '토마스의 딸'이라는 뜻이다. 그래서 그녀의 성만 보아도 그녀의 아버지가 토마스라는 것을 알 수 있다. 토마스도티르의 아버지는 토마스 토마손Tómas Tómasson으로, 토마스도티르의 할아버지와 아버지는 이름이 같았다. 부녀의 성이 서로 다른 것도 눈에 띈다. 어머니의 이름으로 성을 만들기도 하기 때문에 한 가족이어도 모두 다른 성을 가지는 경우도 있다. 사실 이러한 작명법은 과거 북유럽 국가들에서 일반적으로 사용되던 방식이다. 오늘날 다른 북유럽 국가들에서는 아버지의 성을 따라 이름을 짓는 반면, 아이슬란드는 이 작명법을 유지하고 있다.

아이슬란드에서는 관광지만 골라 다니는 여행을 하지 않으려 했으나, 날씨가 도와주질 않았다. 눈보라가 몰아치는 탓에 산책이나 트래킹은 전부 포기할 수밖에 없었다. 게이시르에서 더 안쪽으로 올라가면 간헐천을 내려다볼 수 있고, 굴포스 폭포에서 절벽을 따라 걸어 올라가면 더 가까운 곳에서 폭포를 감상할 수 있다. 하지만 휘날리는 눈발에 앞뒤를 분간하기조차 어려웠다. 차에서 내려 관광 지점까지 걷는 것만으로도 버거워 다리가 물 먹은 솜처럼 묵직해져왔다. 이런 악조건 속에서는 하이라이트를 보는 것이면 충분했다. 골든 서클을 둘러본 후 다시 눈 속을 뚫고 2시간을 달려

실제로 보면 더욱 어마어마한 장관을 뽐내는 굴포스 폭포

예약해둔 숙소에 도착했다. 도착 예정 시간보다 많이 늦어서 주인 아주머니가 걱정 가득한 표정으로 우리를 기다리고 있었다. 이틀 내내 폭설에 시달린 우리 가족은 녹초가 되었다. 일정을 조금 변경하여 다음 날 오전에는 숙소에서 휴식을 취했다. 뒹굴거리면서 푹 쉰 뒤에 투숙객들 중 제일 마지막으로 체크아웃을 하고 나왔다. 친절한 주인아주머니가 떠나는 우리에게 인사를 건넸다. "안전 운전하세요. 하지만 사실 뭐 이 정도 날씨는 나쁜 것도 아니랍니다. 차분하게 눈만 내리는 거잖아요."

'차분하게'라는 말이 연신 귓가에 맴돌았다. 나는 죽음 뒤의 세계까지 떠올렸던 폭설이 아이슬란드 사람들에게는 별일이 아니었나 보다.

세월의 흔적이 층층이 쌓여 있는 빙하 세계를 탐험하다

△△△

아이슬란드 땅의 약 11%는 빙하로 덮여 있다. 그중 바트나이외쿠틀Vatnajökull 빙하는 아이슬란드뿐만 아니라 전 유럽을 통틀어 가장 큰 빙하다. 우리가 여행하면서 경험한 빙하 트래킹과 빙하 호수 중 대부분이 바트나이외쿠틀 빙하에서 시작된 곳들이었다. 바트나이외쿠틀 빙하 아래에 있는 스카프타펠 국립공원Skaftafell National Park에 도착했다. 미리 인터넷으로 확인해둔 빙하 트래킹 투어 업체들을 찾아갔다. 빙하 투어가 유명하다는 것은 알고 있었지만, 비성수기인데도 자리가 거의 다 차 있을 정도로 인기가 많을 줄은 몰랐다.

가장 난이도가 낮은 코스도 초등학생은 되어야 참가할 수 있어서 나이가 어린 둘째 아이는 함께할 수 없었다. 자리도 두 자리밖에 남아 있지 않아 나와 첫째 아이만 참가하기로 했다. 가족 모두 투어에 참여할 수 없어 미안한 마음이 들었지만 어쩔 수 없는 노릇이었다. 바로 눈앞에서 빙하를 보고 그 위를 걷는 스릴 넘치는 모험을 놓칠 수는 없지 않은가.

아이슬란드를 대표하는 여섯 곳의 빙하와 그 면적

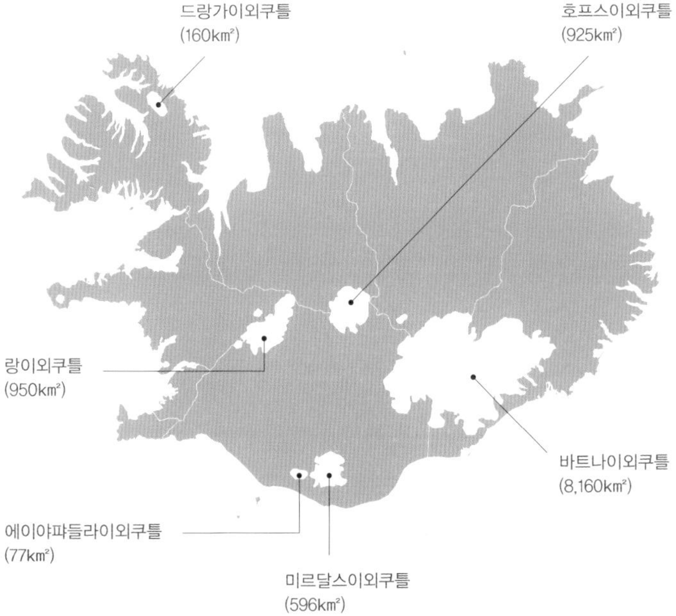

출발에 앞서 빙하 투어 참가자들은 가이드의 설명을 들으며 다리 사이로 안전 로프를 착용했다. 빙하 가까운 곳까지 지프차를 타고 이동했다. 15분 정도 울퉁불퉁한 비포장도로를 지나면 빙하가 나타난다. 본격적인 탐험을 위해 헬멧과 아이젠을 착용하고 손에는 얼음도끼를 들었다. 사실 얼음도끼는 크게 쓸 일이 없지만 기념사진을 찍을 때 소품으로 들고 찍으라고 나눠주었다. 스비나펠스이외쿠틀Svínafellsjökull 빙하에서부터 투어를 시작했다. 곳곳에 빙하가 만들어낸 독특한 지형들이 있었다. 각각 이름이 지어져 있었는데 아이슬란드어라서 발음하기도 어렵고 기억하기도 어려웠다. 아이젠을 끼운 신발 앞쪽으로 얼음 바닥을 콕콕 찍으면서 조심조심 걸어야 했다. 가이드는 잘못하면 빙하 사이 틈에 빠질 수도 있으니 자신이 밟은 길 그대로 따라와야 한다고 강조했다. 우리 아이가 가장 어린 참가자여서 가이드는 자신의 바로 뒤에 아이를 세우고 살뜰히 챙겨주었다. 개미들이 줄지어 행군하는 것처럼 모두들 숙련된 가이드의 뒤를 따라 일렬로 걸었다. 아이슬란드의 거대한 자연을 마주하고 있자니 자꾸만 인간이 개미처럼 작은 존재로 여겨졌다.

빙하는 바닷물이 언 것이 아니라 눈이 오랜 시간에 걸쳐 쌓인 다음 단단하게 응축되어 형성된 두꺼운 얼음층을 말한다. 추운 겨울, 눈이 내리는 양이 녹는 양보다 많아지면 적설량이 늘어난다. 눈이 계속 쌓이면 그 무게가 어마어마해지고, 아래쪽 눈은 짓눌러져 다져진다. 표면의 눈이 녹아 물이 되어 아래로 스며들면서 얼었

탐험대가 된 듯한 기분으로 즐긴 빙하 트래킹 투어. 스비나펠스이외쿠틀 빙하는 영화 〈인터스텔라〉의 촬영지이기도 하다.

다가 녹기를 수차례 반복하며 그 조직이 점점 치밀해진다. 빙하의 특이한 점은 스스로 움직인다는 것이다. 매우 느린 속도로 이동하기 때문에 육안으로 그 움직임을 확인하기는 어렵다. 거대한 빙하는 스스로의 무게를 이기지 못해 이동하게 되는데, 빙하의 엄청난 무게로 인해 압력이 높아져 빙하와 육지의 접촉면이 녹으면서 높은 곳에서 낮은 곳으로 서서히 흘러가게 된다. 지표면의 경사나 얼음의 온도에 따라 이동하기 시작하는 시점은 모두 다르다. 빙하가 전부 녹기 전에 호수나 바다에 도달하면 물 위에 떠다니는 얼음덩어리인 빙산이 된다.

다큐멘터리 영화에서나 볼 수 있는 것인 줄 알았던 빙하 위를 내가 걷고 있다니! 영화 〈인터스텔라〉에서는 지구가 멸망해가는 상황에서 인류 구출의 임무를 맡은 우주과학자들이 인류가 정착할 수 있는 새로운 행성을 찾아 나선다. 주인공 쿠퍼를 비롯한 탐사대는 첫 번째 행성에서 동료를 잃는 등 위기를 겪고, 앞서 탐사를 떠난 만 박사가 보내온 정보를 믿고 두 번째 행성에 도착한다. 그런데 위험을 무릅쓰고 착륙한 행성은 꽁꽁 얼어붙은 얼음 행성이었다. 만 박사가 살기 위해 동료들을 부르려 거짓 정보를 보냈던 것이다. 이 얼음 행성 장면을 촬영한 곳이 바로 스비나펠스이외쿠틀이다. 우리는 인류를 구하기 위해 길을 나서는 우주비행사들과 같이 멋지게 한 걸음 한 걸음 걸었다. 영화를 촬영할 때 배우들도 우리처럼 아이젠을 착용했단다. 우주복에 가려 잘 보이지는 않지만 쿠퍼와 만 박사가 치열하게 싸우는 장면을 자세히 보면 아이젠을 신고 있음을 알 수 있다. 우주비행사는 나의 어릴 적 꿈이었다. 벌써 20년이 넘었지만, 나사의 화성 탐사선 마르스 패스파인더Mars Pathfinder가 지구로 보내온 사진들을 수집하며 꿈을 키웠던 어린 시절이 떠올랐다. 아이슬란드의 빙하 투어는 잊고 있었던 꿈을 현실로 만들어주며 벅찬 감동을 불러일으켰다.

지구상의 여러 빙하들 중에서 아이슬란드의 빙하가 특히 신비로운 이유는 빙하 속에 그림스뵈튼Grímsvötn 화산이 숨어 있기 때문이다. 그림스뵈튼 화산은 아이슬란드에서 가장 활발히 활동하는 화산으로, 4~5년 주기로 계속 화산재를 분출하고 있다. 빙하에 덮여 있어 잘 보이지 않지만 분화가 시작되면 엄청난 소리와 함께 화산재가 높은 구름 기둥을 만들며 폭발해 주변의 빙하를 빠른 속도로 녹인다. 일반적인 얼음은 물이 얼 때 공기가 들어가 투명하면서 흰빛이 돈다. 반면 순수한 빙하는 수백 년 혹은 그 이상의 세월 동안 높은 압력이 가해지며 얼고 녹기를 되풀이해 공기가 거의 들어가지 않는다. 그 결과 신비로운 푸른색을 띈다. 그런데 스카프타펠 국립공원의 빙하 대부분은 화산재가 섞여 거뭇거뭇하다.

빙하 투어 전날 폭설이 내려 빙하 위에 눈이 가득 쌓여 있어서 화산재가 섞인 검은 빙하가 많이 보이지는 않았다. 아쉬운 마음에 가이드에게 비가 왔으면 좋겠다고 하니, 가이드는 비가 내린 뒤에는 표면이 깨끗해 빙하를 더 잘 볼 수야 있지만 그만큼 미끄러워져 걸을 때 더욱 주의해야 한다고 말했다. 빙하를 탐험하기 위해 스웨덴에서 아이슬란드로 왔다는 한 가이드는 빙하 트래킹을 하며 보는 빙하는 매일매일 다른 모습이라서 그 매력에서 헤어 나올 수가 없다고 하기도 했다. 아이슬란드 여행의 즐거움은 이런 '예측 불가능함'에 있다는 생각이 들었다.

빙하 위를 걸을 때는 크레바스crevasse에 빠지지 않도록 항상 조심해야 한다. 크레바스는 빙하의 표면에 형성된 깊고 좁은 벼랑이다. 크레바스는 빙하가 움직이는 과정에서 만들어진다. 그래서 그 형태가 처음 만들어진 대로 지속되는 것이 아니라 커지거나 좁아지며 계속 변한다. 빙하 아래 크레바스가 얼마나 깊고 큰지 정확하게 알 수 없으니 빙하를 잘 알고 있는 전문가들이 미리 찾아둔 트래킹 루트를 반드시 따라야 한다. 가이드의 안내를 따라 거대한

사람이 지나갈 수 있을 만큼 거대한 크레바스

크레바스 사이에 들어가 보니 오래된 빙하의 푸른 빛깔이 더 선명하게 보였다.

투어의 마지막에는 사라져가는 얼음 동굴을 찾아갔다. 여름이 되면 빙하가 조금씩 녹아 그 물이 빙하 내부를 뚫고 흘러 동굴이 만들어진다. 얼음으로 이루어진 동굴은 시간이 갈수록 그 형태와 위치가 바뀐다. 우리가 갔을 때는 4월이라 얼음 동굴이 서서히 녹는 중이었다. 규모가 크지는 않았으나 정말 다채로운 모습이었다. 한 부분은 후추를 뿌린 듯 검은 색 점들이 박혀 있었고, 반대쪽은 줄무늬였다. 위쪽은 먼지가 쌓인 것처럼 뿌옇게 보였다. 어느 한 부분 같은 풍경인 곳이 없었다. 아름다움을 넘어 경이로움의 연속이었다.

빙하 투어를 끝내고 숙소로 돌아왔다. 아이슬란드 여행을 하는 내내 우리는 매일 밤 오로라 지수를 확인했다. 하지만 그동안 눈이 오거나 구름이 많은 날씨가 계속되어 오로라를 볼 엄두를 낼 수 없었다. 드디어 날씨가 맑아졌으니 오로라를 볼 수 있지 않을까 하는 기대감이 들었다. 여행이 중반을 넘어서고 있어 혹시 오로라를 못 보고 돌아가게 되는 것은 아닐지 조급해지기도 했다. 스카프타펠 국립공원 근처에 숙소를 잡았는데, 기쁘게도 밤에 오로라가 뜨면 연락을 준다고 했다. 덕분에 안심하고 숙면을 취했다. 하지만 날이 새도록 연락은 오지 않았다. 오로라가 나타나지 않은 것이다. 아무래도 운이 따르지 않는 듯했다.

다음 날 아침 일찍 눈을 떠서 날씨를 확인했다. '강풍 노랑 경보'가 떴다. 이제 겨우 눈이 그쳐 날씨가 좋아지는가 싶더니 이번엔 바람이었다. 사실 아이슬란드에서는 눈보다 바람이 훨씬 무서운 존재다. 경보가 뜰 정도면 경차 정도는 거뜬히 바람에 넘어가버릴 수 있는 수준이다. 직진이 어려울 만큼 차가 흔들리고, 모래와 자갈이 마구 날아다녀 차량 사고도 빈번히 일어난다. 날씨 지도를 보니 우리가 여행할 방향을 따라 강풍 경보 표시가 넓게 펴져 있었다. 오후부터 바람이 강해질 것이라는 예보에 오전에 최대한 빨리 돌아보고 강풍 지역을 빠져나오기로 했다. 요쿨살론Jökulsárlón 빙하 호수로 향하는 길, 차창 밖의 풍경이 굉장했다. 화산이 만든 검은 땅 위에 빙하가 만든 물길들이 어우러진 거대한 예술 작품을 감상할 수 있었다. 바트나이외쿠틀 빙하가 어찌나 큰지 같은 빙하에 뿌리를 두고 있음에도 스카프타펠 국립공원에서 요쿨살론 호수까지는 40분이나 걸렸다. 요쿨살론 호수는 비교적 최근인 1935년경에 형성된 것으로, 빙하가 바다로 가는 길이 지각변동으로 인해 막히면서 만들어졌다. 현재 호수의 깊이는 약 250m에 달하며 아이슬란드의 호수 중 가장 깊다. 지구 온난화 때문에 빙하가 빠르게 녹고 있어 호수는 계속해서 더 깊고 넓어지고 있다.

요쿨살론 호수 위에는 커다란 빙산들이 둥둥 떠다니고 있었다. 빙하가 물에 씻겨 깨끗한 속살이 훤히 들여다보였다. 영롱하고 신비로운 푸른빛과 화산재가 섞인 검은빛이 층을 이루고 있는 모습은 오직 요쿨살론 호수에서만 볼 수 있다. 호수까지 이동해 내려오면서 오랜 시간 깎이고 녹은 빙산들의 기이한 형태에는 세월의 흔적이 고스란히 담겨 있었다. 오랫동안 물속에 잠겨 있는 부분은 햇빛을 받지 못해 더욱 파랗다. 빙산이 뒤집어지면 그 오묘한 빛깔을 볼 수 있다. 푸른색 얼음이 햇빛에 노출되면 내부의 공기가 팽창해 얼음을 깨면서 하얗게 변한다. 빛깔이 파랄수록 최근에 수면 위로 올라온 부분인 것이다. 호수 가장자리 가까이로 밀려온 빙하 조각을 하나 들어보니 크기는 작아도 묵직했다.

요쿨살론 호수에서 서로 부딪히며 떠다니던 빙산들은 빙하가 만든 강줄기를 따라 느린 속도로 흘러 바다로 나간다. 호수 면적이 점점 넓어지다가 아예 대서양과 연결되어버렸기 때문이다. 그 결과 호수 안으로 바닷물이 들어와 빙하가 더 빨리 녹는 원인이 되었다. 빙산 덩어리가 파도에 휩쓸려 바다로 떠밀려 가기 전 마지막으로 들르는 곳이 요쿨살론 바로 아래쪽에 위치한 해변이다. 까만 모

곧 바다로 나아가게 될 빙산 덩어리들이 모여 있는 다이아몬드 비치

래로 가득한 벌판이 끝없이 펼쳐져 있고 그 위에 콕콕 박힌 빙산 덩어리들이 마치 다이아몬드처럼 빛난다 해서 흔히 '다이아몬드 비치Diamond Beach'라고 부른다. 해변에 밀려와 모여 있는 빙산들은 바다로 사라져버리기엔 아까울 만큼 매력적으로 반짝거린다. 유난히 눈을 사로잡는 예쁜 빙산이 있어 진짜 다이아몬드라도 찾은 기분으로 나도 모르게 자꾸 가까이 다가가게 되었다. 직접 만져보고 싶은 마음에 빙산만 바라보며 가다가 바닷물에 발이 빠질 뻔했다. 너무나 황홀한 풍경을 마주하니 정신을 차리기가 쉽지 않았다. 차가운 바람이 뺨을 찰싹찰싹 때리지 않았다면 아마 주저앉아 한참 동안 넋을 놓고 구경했을 것이다.

살아 있는 화산이 만들어낸 환상적인 예술 작품, 비크

△△△

요쿨살론 호수 주변을 둘러본 뒤 차를 돌려 다시 레이캬비크 쪽으로 방향을 잡았다. 피오르가 분포해 있는 아이슬란드 남동부에서는 굉장한 강풍이 불고 있다는데, 거리상으로는 그리 멀지 않은데도 그 모습이 전혀 상상되지 않을 만큼 날씨가 좋았다. 분명 지나왔던 길임에도 돌아갈 때는 완전히 새로운 길을 지나가는 느낌이었다. 어제는 이 부근에서 바람이 많이 불어 새까만 모래로 가득했었는데 오늘은 너무나 쾌청했다. 황량하고 건조한 풍경은 조금도 보이지 않았다. 새로운 아이슬란드를 여행하는 듯했다. 아이슬란드에서 날씨는 신의 영역이라더니 정말 날마다 날씨가 극적으로 달라졌다. 해가 쨍쨍해서 여행이 훨씬 즐거워졌다. 적어도 천재지변으로 인한 위협은 덜 받게 되었으니 말이다.

오늘날 아이슬란드가 있는 섬은 조산 활동이 활발했던 신생대 제3기, 지금으로부터 약 2,400만 년 전에 화산 분출로 생겨난 것으로 추정된다. 아이슬란드의 화산활동은 현재진행형이다. 아이슬란드 전역에 200개가 넘는 화산이 있고, 그중 약 30개가 활화산이라고 한다. 1783년에 일어난 라카기가르Lakagigar 화산 폭발은 인류 역사상 가장 치명적인 화산 폭발로 기록되어 있다. 우리가 빙하 트래킹을 했던 빙하 아래에 있는 그림스뵈튼 화산과 같은 줄기에 있는 화산으로, 인류가 관측한 화산 폭발 중 가장 많은 양의 용암이 분출되었다. 폭발 당시 아이슬란드 인구의 4분의 1에 달하는 약

9,000명의 사람들이 목숨을 잃었다. 이들의 주된 사인은 용암으로 인한 부상이 아닌 화산재의 독성 성분으로 인한 질식사였다. 인명 피해뿐만 아니라 가축의 절반 이상이 폐사하고 농토가 황폐화되어 화산 폭발 이후 아이슬란드 국민 전체가 굶주리며 고통의 시간을 보내야 했다. 이 기간을 '연기 속의 고난'이라고도 부른다. 이 화산 폭발은 다른 유럽 국가들에도 피해를 입혔다. 기록에 따르면 유독성 화산가스가 퍼지면서 작물에 이상이 생겼고 그로 인해 수백만 명이 사망에 이르렀다고 한다.

2010년 유럽 지역에 항공 대란을 일으킨 에이야파들라이외쿠틀Eyjafjallajökull 화산도 유명하다. 당시 유럽 공항 곳곳에서 항공기 수천 편의 운항이 중지되어 불편을 겪은 사람이 많아 여전히 회자되고 있다. 그런데 전문가들은 에이야파들라이외쿠틀 화산의 분출 정도는 별일이 아니라고 말한다. 바로 옆에 있는 카틀라Katla 화산 때문이다. 아이슬란드 남쪽 미르달스이외쿠틀Mýrdalsjökull 빙하 안에 있는 이 화산은 아이슬란드에서 가장 위험하고 위협적인 화산으로 알려져 있다. 1918년에 큰 폭발이 일어난 후 잠잠했는데, 화산학자들은 머지않아 큰 폭발이 있을 것이라 예상한다. 카틀라 화산은 에이야파들라이외쿠틀 화산과 연결되어 있어 지난 2010년 폭발 때 자극을 받았을 것이며, 카틀라 화산의 분출 주기를 살펴봐도 이미 폭발할 시기가 지났다는 것이다. 카틀라 화산이 폭발할 경우 대규모 빙하 홍수를 일으켜 아이슬란드의 지형 자체를 바꿔놓을 수도 있다고 한다. 만약 그런 일이 실제로 벌어진다면 훗날 내가 아이슬란드에 다시 찾아왔을 때는 기억하는 장소들 중 일부는 사라지고 없을지도 모른다. 그렇게 생각하니 지금 아이슬란드에서 내게 주어진 시간들은 결코 다시 돌아오지 않을 소중한 시간이라는 사실이 더욱 강렬하게 다가왔다.

화산과 빙하 지대를 넘어 아이슬란드 남쪽 바다 끝에 위치한 비크Vík에 도착했다. 도시의 정식 명칭은 비크 이 미르달Vík í Mýrdal이지만 약칭으로 더 자주 불린다. 비크는 도시 내부보다는 주변에 있는 레이니스파라Reynisfjara 해변과 디르홀레이Dyrhólaey의 코끼리 모양 바위 덕분에 유명세를 얻었다. 레이니스파라 해변은 검은 모래로 이뤄져 있다. 해변에 가보니 푸른 바다와 검은 해변이 만나 신비로운 분위기를 자아냈다. 다이아몬드 비치와는 또 다른 느낌의 검은 해변이다. 신발 안으로 가득 들어간 검은 모래를 털어내며 해변 바로 옆에 있는 주상절리 육각기둥 앞에 섰다. 주상절리는 화산 폭발 때 흘러나온 용암이 빠르게 식어 만들어진 다각의 기둥을 말한다. 용암이 천천히 식으면 그 모양이 크게 변하지 않는 반면, 빠르게 식으면 쪼개지면서 오각형 또는 육각형으로 수축한다. 제주도에서도 주상절리를 볼 수 있지만 레이니스파라 해변의 주상절리는 가까이에서 만져보고 올라가볼 수 있다는 장점이 있다. 표면이 거칠거칠할 것이라고 생각했는데 반질반질하고 부드러웠다. 해변 앞바다에는 거센 바람과 거친 파도를 견디며 돌기둥이 서 있다. 이 돌기둥은 어둠의 트롤이 배를 끌고 해안으로 다가오다 태양이 떠오르자 햇빛을 받아 모두 돌로 굳어 만들어진 것이라는 전설이 전해진다.

아이슬란드 사람들에게 전설이나 신화에 나오는 트롤과 엘프의 존재를 믿느냐고 물으면 실제로 믿고 있다고 답하는 사람이 많다. 혹독한 자연환경은 인간의 의지로는 바꿀 수 없는 불가항력적인 힘을 지니고 있었고, 그 속에서 살아가야 했던 사람들은 자연스레 신과 인간의 관계에 대해 깊이 탐구했다. 북유럽 신화는《에다Edda》에 근간을 둔다.《에다》는《고古 에다》와《신新 에다》로 구분된다. '운문 에다Poetic Edda'라고도 불리는《고 에다》는 8~9세기경에 창작된 시, 노래 등을 엮은 것으로, 아이슬란드어 필사본을 기본으로 한다. 《신 에다》는 아이슬란드의 역사학자인 스노리 스툴루손Snorri Sturluson이 1220년경에 집필했으며, '산문 에다Prose Edda'라고도 불린다.

북유럽 신화는 오직 추위와 더위만 존재했던 태초에서 시작된다. 안개로 뒤덮여 극한의 냉기로 가득한 세계 '니플헤임'과 용암처럼 뜨거운 불의 세계 '무스펠헤임'이 있었는데, 두 세계가 만나 서리가 녹으면서 최초의 거인 이미르가 탄생한다. 이때 또 하나의 생명인 암소 아우둠라도 태어나 이미르는 암소의 젖을 먹고 살아간다. 아우둠라가 얼음을 핥으니 사람의 형상을 한 최초의 신 부리가 생겨났고, 그는 아들 보르를 낳는다. 이와 동시에 이미르가 자면서 흘린 땀에서 거인족들이 계속 태어난다. 보르는 거인족 여자와 결혼하여 북유럽 신 중 가장 유명한 오딘을 포함한 세 아들을 얻는다. 오딘은 끊임없이 늘어나는 거인족에 불만을 갖게 되어 두 형제와 함께 최초의 거인 이미르를 죽인다. 그리고 이미르의 몸으로 새로운 세계를 만들어낸다. 이미르의 살은 땅, 피는 바다, 뼈는

산, 두개골은 하늘, 이빨은 자갈, 머리카락은 나무, 그리고 뇌수는 구름이 되었다. 뒤이어 오딘은 나무조각에 생명을 불어넣어 인간들이 사는 세상을 창조했다. 아직 본격적인 신들의 이야기는 펼쳐지지도 않았다는 것이 놀랍지 않은가? 이처럼 북유럽 신화는 매우 방대하며, 기괴하고 음산한 분위기를 풍긴다.

북유럽 신화는 거칠고 비장하다. 여유롭고 풍성한 그리스 · 로마신화와 비교하면 더욱 그렇다. 북유럽 신들은 완벽하지 않은 인간과 닮았다. 전지전능한 것이 아니라 불안정한 존재로 등장한다. 최고신인 오딘은 자신의 한쪽 눈을 지혜와 맞바꾸고 평생 외눈으로 살아간다. 지혜의 상징인 거인 미미르는 몸통은 없고 얼굴만 존재한다. 오딘의 아들 토르는 힘이 세지만 단순하며, 토르의 의형제 로키는 영리하지만 사악하다. 전쟁의 신 티르도 한쪽 팔이 없다. 심지어 신들도 죽음을 맞는다. 오딘은 세계의 종말 '라그나뢰크'를 예견하고 이를 최대한 막으려 했다. 오딘의 또 다른 아들 발드르는 아름답고 총명하여 모든 신들에게 사랑받았는데, 이를 시기한 로키의 간사한 꾀에 의해 맹인 신 호드가 던진 창에 목숨을 잃는다. 이 사건으로 다른 신들의 분노를 산 로키는 오랫동안 고통받아야 했다. 이후 라그나뢰크의 징조인 길고 추운 겨울이 이어진다. 세계는 혼란에 빠지고 엄청난 지진이 일어나면서 종말을 향한 싸움이 시작된다. 지진 때문에 신들이 포박해둔 모든 것들이 풀려난다. 그 중에는 로키와 그의 세 자녀인 늑대 펜리르, 뱀 요르문간드, 악녀 헬도 있었다. 여기에 거인족과 악령들도 대거 합세하여 참혹한 전쟁을 치른다. 토르는 요르문간드를 죽이지만 뿜어져 나온 뱀의 독에 중독되어 죽고, 오딘은 펜리르에 잡아먹힌다. 로키는 인간의 수호신인 헤임달과 싸우다가 함께 사망한다. 전쟁이 끝나고 태초부터 무스펠헤임의 문지기로 자리를 지켰던 불의 거인 수르트가 남아 있는 것들을 전부 불태운다.

레이니스파라 해변에서 보이는 디르홀레이는 절벽으로 이뤄진 곳이다. 절벽 위로 올라서니 몸을 가누기도 어려울 만큼 세찬 바람이 분다. 120m 높이의 절벽 아래로 무서운 파도가 맹렬히 달려와 부딪히며 굉음을 만들어냈다. 언제 폭발할지 모를 카틀라 화산을 등지고, 끝없이 펼쳐진 차가운 바다를 눈앞에 마주한 채 절벽

자연이 주는 웅장함을 온몸으로 체험할 수 있는 디르홀레이

끝에 올라섰다. 마치 니플헤임와 무스펠헤임 중간에 있다는, 세상의 시작점인 긴눙가가프에 서 있는 듯했다. 비록 북유럽 신들은 종말을 맞았으나 운명을 극복하기 위해 노력하고 세계를 지키기 위해 싸웠다. 그 모습은 척박한 환경과 험한 날씨 속에서도 삶을 개척해 온 인간 세계의 축소판과 같다. 북유럽 신화는 라그나뢰크에서 끝나지 않았다. 세상의 마지막이 도래한 다음 바닷속에서 새로운 세계가 떠오른다. 살아남은 몇몇 신들과 부활한 발드르가 다시 평화로운 세계를 열기 위한 여정을 시작한다. 새로운 세상을 지키는 몫은 인간들의 운명일 것이다.

일상 속의 북유럽 신화

우리의 일상 곳곳에는 여전히 북유럽 신들의 흔적이 남아 있다. 그중 대표적인 것이 바로 '요일'이다. 일요일과 월요일, 토요일을 제외한 나머지 요일들의 영문 이름은 북유럽 신들의 이름에 어원을 두고 있다. 참고로 일요일(Sunday)은 태양에서, 월요일(Monday)은 달에서, 토요일(Saturday)는 로마신화에 나오는 농경의 신 새턴(Saturn)에서 유래했다.

- 화요일(Tuesday): 전쟁의 신 티르(Tyr)의 날이다.
- 수요일(Wednesday): 신들의 아버지 오딘(Odin)의 날이다. 지역에 따라 오딘을 Woden 또는 Wodin이라 표기하기도 했다.
- 목요일(Thursday): 천둥의 신 토르(Thor)의 날이다.
- 금요일(Friday): 미의 여신 프레이야(Freyja)의 날이다. 오딘의 아내이자 사랑의 여신 프리그(Frigg)의 이름에서 유래했다는 해석도 있다.

오랜 기다림 끝에 만나 더욱 반가웠던 오로라 편지

△△△

비크 근처에서 머물렀던 숙소는 유난히 전망이 좋았다. 시야가 탁 트여 바다를 마음껏 바라볼 수 있었다. 바다 주변의 넓은 벌판에서는 말들이 한가로이 돌아다녔다. 아이슬란드 말은 우리에게 친숙한 말들과 모습이 조금 다르다. 몸집이 작고 좀 뚱뚱해 보이며, 허리가 많이 굽고 배가 처져 있다. 아이슬란드인에게 아이슬란드 말을 가리켜 조랑말이라고 하면 싫어한다던데, 내 눈에는 딱 조랑말 같았다. 링로드 주변에서 말들은 여러 번 마주쳤지만 꼬불꼬불한 뿔이 독특한 아이슬란드 양은 방목 기간이 5~9월이라 거의 볼 수 없었다. 도로를 달리다 말을 발견하고 차를 세운 뒤 다가가면 말들이 가까이 달려온다. 그 모습을 보고 '땅이 넓고 사람은 적은 나라에 사는 말들이니 주인 말고는 사람을 자주 볼 수 없어 낯선 이가 반가운가 보다'하는 생각이 들었다.

이 말들은 바이킹이 처음 이주해오던 시기에 그들과 함께 아이슬란드로 왔다. 1,000년 전 알싱기 의회에서 외래종 말의 수입을 금지하는 법안을 만든 이래 아이슬란드에서는 말의 혈통을 철저히 관리하고 있다. 아이슬란드 말을 외국으로 수출하는 것은 가능하지만 한번 아이슬란드를 떠난 말은 다시 돌아오지 못한다. 아이슬란드에는 이곳이 아니면 볼 수 없는 것들이 너무 많다. 혹독한 환경에 적응해야 했던 아이슬란드 말은 한겨울의 추위와 강한 바람, 거센 눈보라 등에도 견딜 수 있도록 모습이 변했다. 생존을 위해 온갖 장애물들을 극복한 아이슬란드 말에게서는 여유마저 느껴진다. 숙소에서 본 말들은 평화롭게 햇살을 즐기고 있었다.

어느덧 아이슬란드 여행이 막바지에 이르렀다. 이제 겨우 이틀밖에 남지 않았다. 그런데 아직도 오로라는 감감무소식이다. 4월 초로 여행 일정을 잡은 이유 중 하나가 오로라를 볼 가능성이 높다는 것이었는데, 여전히 오로라 지수는 kp1에서 올라가지를 않았다. 스웨덴 키루나에서 오로라가 얼마나 멋진지 경험해본 적이 있어서인지 오로라를 다시 보고 싶은 마음이 더욱 간절했다. 어쩐지 오늘 밤이 오로라를 볼 수 있는 마지막 밤이 될 듯했다. 그래서 오로라 지수가 낮아도 밖으로 나가 기다려보기로 했다. 쏟아질 듯 밤하늘에 가득한 별들 덕분에 홀로 나와 있어도 외롭지는 않았다. 그래도 기약 없는 기다림은 역시 춥고 지루했다. 혹시나 하는 마음에 깜깜한 허공에 대고 셔터를 눌러봤다. 하지만 오로라는 보이지 않았다. 3시간 남짓 혼자 기다리다가 결국 포기하고 숙소로 들어왔다. 못내 아쉬운 마음에 창밖을 내다보길 반복하다 잠이 들었다. 한 30분쯤 잤을까, 남편이 급하게 나를 깨웠다. "오로라 나왔어! 빨리 일어나!"

정신이 번쩍 들었다. 비몽사몽 헤맬 겨를이 없었다. 벌떡 일어나 옷을 입고 튀어 나갔다. 이미 오로라의 띠가 하늘에 스며들듯 모습을 드러내고 있었다. 점점 색이 진해지면서 위아래로 피어났다. 하늘 전체가 오로라로 덮였다. 그러더니 서서히 움직이기 시작했다. 누군가 하늘에 물감을 풀어놓고 큰 막대기로 휘젓는 것처럼 일

밤하늘에 선명하게 모습을 드러낸 오로라. 소원이 이뤄진 순간, 우리는 우주의 축복 속에서 말을 잃었다.

렁거렸다. 잠들었던 아이들도 깨워서 함께 오로라를 감상했다. 펄럭펄럭 움직이던 초록색 오로라의 가운데가 보라색으로 변했다. 흔히 볼 수 있는 초록색 오로라와는 달리 쉽게 나타나지 않는 보라색 오로라를 보고 싶다던 아이들의 소원이 이뤄진 순간이었다. 소원을 성취한 아이들은 너무나 즐거워했다. 움직이는 오로라를 보고 있자니 꼭 누가 글자를 적고 있는 것 같았다. 태양이 오로라를 통해 지구인들에게 메시지를 보내는 것은 아닐까. 우주에서 쏟아지는 메시지에 벅차올라 흥분을 감출 수가 없었다. 아이슬란드에서 힘들었던 기억들은 오로라를 만나자마자 싹 지워졌다. 변화무쌍했던 4월의 아이슬란드 여행은 충분히 도전할 가치가 있었다. 이렇게 환상적인 오로라를 보게 되었으니 말이다. 밤늦도록 오로라는 사라지지 않고 하늘을 가득 채웠다. 우리는 우주가 준 선물을 마음껏 즐겼다.

기분 탓일수도 있지만 오로라를 본 다음 날은 하늘도 더 화창하고 맑았다. 이제 마지막 숙소가 있는 그린다비크Grindavík로 가야 한다. 여행을 시작했던 공항 방향으로 되돌아가고 있으니 여행이 끝나가는 것이 실감나기 시작했다. 며칠 전 그냥 지나쳐야 했던 폭포들을 한 곳씩 둘러보기로 했다. 스코가포스Skógafoss 빙하 폭포는 멀리서 보기에도 규모가 엄청났다. 60m가 넘는 높이에서 폭포가 떨어져 물방울이 사방으로 쉴 새 없이 튀어서 폭포 근처에 다가가기도 어려웠다. 폭포 아래까지 들어갔던 사람들은 비를 흠뻑 맞은 것 같은 모습으로 나왔다. 물안개 사이로 선명한 무지개가 폭포를 에워쌌다. 지금까지 봤던 무지개 중 제일 크고 가깝고 또렷했다. 스코가포스 폭포에서 차를 타고 25분 정도 가면 셀랴란드스포스Seljalandsfoss 폭포가 나온다. 시기가 애매해서인지 입구가 막혀 있어 아쉽게도 폭포 뒤로 들어가보는 경험은 하지 못했다. 대신 글리유프라포스Gljúfrafoss 폭포를 발견했다. 좁은 협곡 사이에 폭포가 숨겨져 있어 비밀 통로 같은 길을 따라 들어가 폭포를 감상했다. 아이슬란드에서 많은 폭포를 봤지만 단 하나도 다른 폭포와 비슷한 것이 없었다.

To see the world, things dangerous to come to

(세상을 보고 무수한 장애물을 넘어)

To see behind walls, to draw closer (벽을 허물고 더 가까이 다가가)

To find each other and to feel (서로를 찾아 느끼는 것)

That is the purpose of life (그것이 삶의 목표다)

– '주인공 월터가 청춘을 바친 직장인 〈라이프(life)〉지의 모토', 영화 〈월터의 상상은 현실이 된다〉(2013) 중에서

긴 여행으로 피곤할 법도 한데 아이들은 스코가포스 폭포 위 전망대에 올라가보고 싶어 했다. 솔직히 말하자면 내가 지친 상태라 전망대에 올라가야 할지 망설였다. '아래에서 봐도 충분히 멋진데, 굳이?' 하고 꾀가 났다. 하지만 한 걸음씩 내딛어 폭포 옆 계단을 오르다 보니 여행을 떠나오기 전에 본 영화 〈월터의 상상은 현실이 된다〉가 떠올랐다.

주인공 월터 미티는 16년 동안 〈라이프〉라는 잡지를 발행하는 잡지사에서 포토 에디터로 일한다. 평범하다 못해 심심하기까지 한 일상을 살아가는 인물이다. 그러던 중 회사에서 잡지를 폐간하고 온라인 매체로 전환한다는 소식이 들려온다. 폐간호를 준비하다 표지에 실을 사진 필름이 사라진 것을 알게 된 월터는 필름을 다시 구하기 위해 용기를 내 사진작가를 찾아 모험을 시작한다. 하늘 위 헬리콥터에서 몸을 던지기도 하고, 상어가 득실거리는 바다에 뛰어들기도 한다. 이런 모험이 펼쳐지는 주요 장소 중 하나가 바로 아이슬란드다. 작은 변화조차 두려워했던 월터가 틀을 깨고 나와 상상도 못할 도전을 성취해내는 모습은 보는 이마저 뿌듯하게 만든다. 자신의 일을 잘 마무리하고 싶은 소박한 마음이 엄청난 도전을 이끌어냈다. 사실 도전이라고 해서 꼭 거창하고 무모해

영화 〈월터의 상상은 현실이 된다〉에서 주인공이 스케이트보드를 타며 자유를 만끽하던 아이슬란드의 길. 해마다 수많은 사람들이 월터를 따라, 혹은 자유를 따라 이곳에 온다.

야 하는 것은 아니다. 한 계단 한 계단 폭포 위를 향해 발걸음을 옮기는 지금 이 순간도 도전이다. 현실 속 사소한 모든 것들이 도전이 될 수 있다. 오랜 모험 끝에 마침내 월터가 찾아낸 사진에 최선을 다해 삶을 살아가는 자신의 모습이 담겨 있었던 것처럼 말이다.

신비로운 블루 라군에서 여행의 마침표를 찍다

△△△

아이슬란드의 남서단에 있는 레이캬네스Reykjanes 반도로 향했다. 그린다비크로 가기 위해 427번 도로에 들어섰다. 주변에는 낮은 언덕 하나 없이 황량한 땅이 펼쳐져 있었는데, 생명체가 살지 않았던 먼 옛날 지구의 모습 같았다. 여행객들이 잘 찾지 않는 지역이라 더더욱 그랬다. 거친 바위 지형이 나올 때는 마치 달 위를 차로 달리고 있는 듯한 느낌도 들었다. 그린다비크 근처에 있는 지열 지대 크리수비크Krýsuvík에 잠시 들렀다. 도착하기 전부터 퀴퀴한 유황 냄새가 풍겨오고 멀리서 김이 모락모락 피어오르는 모습이 보인다. 나무다리 위를 걸으며 아래를 내려다보니 땅이 노란색, 귤색, 초록색 등 다양한 색깔로 보글보글 끓고 있었다. 지하에서 올라오는 유황 가스 때문에 산성화된 물이 땅을 녹이면서 진흙 구덩이가 만들어진다. 가스가 나오는 분기공 옆에 있는 구덩이에서는 오묘한 빛깔의 진흙이 끓으며 연신 튀어 올랐다. 아이슬란드 북부에는 크베리르Hverir라는 드넓은 지열 지대가 있는데, 그곳까지 가지 않아도 충분히 땅의 열기를 느낄 수 있었다.

끝나지 않을 것 같던 아이슬란드 여행의 마지막 날이 되었다. 그동안의 여독을 풀 겸 그린다비크의 블루 라군Blue Lagoon 온천에서 여행을 마무리하기로 했다. 사실 블루 라군은 천연 온천이 아니다. 1976년 그린다비크에 지열발전소가 세워졌는데, 전기 생산에 사용된 온수를 모아 버리던 중 지하수에 다량의 미네랄이 들어 있어 피부병에 효과가 좋다는 것을 알아냈다. 초기에는 피부 질환이 있는 사람들을 위한 치료용 온천으로 운영되다가 1999년에 지열발전소에서 조금 떨어진 곳으로 이전한 뒤 일반인들도 들어갈 수 있게 되었다. 인공적으로 조성된 곳이지만 블루 라군의 온천수는 자연 그대로의 것이다. 블루 라군에서는 하얀색 실리카Silica 머드도 채취된다.

피부에 좋은 실리카 머드를 몸에 듬뿍 바르고 휴식을 취했다. 따뜻한 온천수에 몸을 담그고 까칠한 용암석에 기대어 아이슬란드 하늘을 보고 있자니 문득 블루 라군이 인공 온천이라서 다행이라는 생각이 들었다. 만약 이런 공간이 자연이 만들어낸 곳이었다면 현실로 돌아갔을 때 적응하기가 더 어려울 것 같았다. 이제 여행을 마치고 일상으로 돌아가야 하는 내게 블루 라군은 심적인 완충제 역할을 해주었다. 그렇다고 해서 인공적인 느낌이 나는 곳이라는 이야기는 아니다. 하늘색 물에 우유를 섞은 듯한 빛깔의 온천수와 주변에 넓게 퍼져 있는 수증기로 인해 신비로운 마법의 연못 같은 분위기만 풍긴다. 블루 라군은 아이슬란드에서의 파란만장했던 시간들을 아름답게 녹여주었다.

실리카 머드가 함유되어 있어 우윳빛이 도는 블루 라군

상상을 뛰어넘는 날들의 연속이었던 아이슬란드 여행도 끝이 나고 집으로 돌아가는 비행기에 올랐다. 뜨끈한 온천물에 노곤해진 우리 가족은 비행기를 타자마자 모두 잠들었다. 잠에서 깼을 때는 이미 비행기가 스웨덴에 도착한 뒤였다. 꿈을 꾼 듯했다. 여행에서 돌아온 지 며칠이 지났지만 여전히 아이슬란드에서의 비현실적인 기억들이 선명했다. 문득 북유럽이 생겨난 이야기가 다시금 궁금해져 북유럽 신화 책을 들고 도서관으로 향했다. 북유럽의 시작에서부터 천천히 되짚어보기 위해서.

역사와 예술, 대자연을 품은
북유럽 인문 산책

초판 1쇄 발행 2019년 7월 10일
초판 2쇄 발행 2019년 9월 9일

지은이 홍민정
펴낸이 성의현
펴낸곳 미래의창

주간 김성옥
책임편집 김윤하
본문 디자인 박고은

등록 제10-1962호(2000년 5월 3일)
주소 서울시 마포구 잔다리로 62-1 미래의창빌딩(서교동 376-15, 5층)
전화 02-338-5175 팩스 02-338-5140
ISBN 978-89-5989-591-5 03900

※ 책값은 뒤표지에 있습니다. 잘못된 책은 서점에서 바꿔 드립니다.

이 도서의 국립중앙도서관 출판예정도서목록(CIP)은 서지정보유통지원시스템 홈페이지(http://seoji.nl.go.kr)와 국가자료공동목록시스템(http://www.nl.go.kr/kolisnet)에서 이용하실 수 있습니다.(CIP제어번호: CIP2019023720)